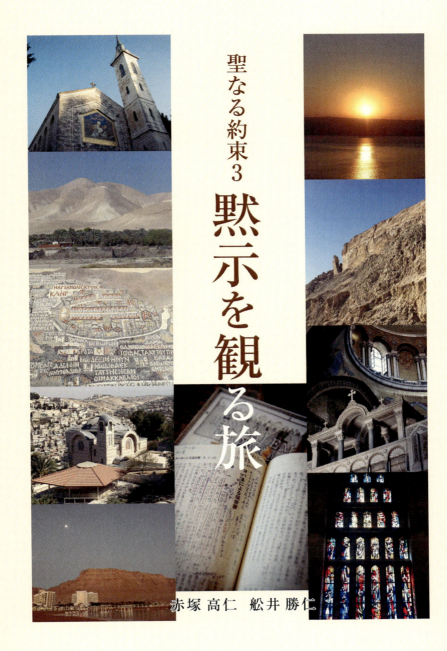

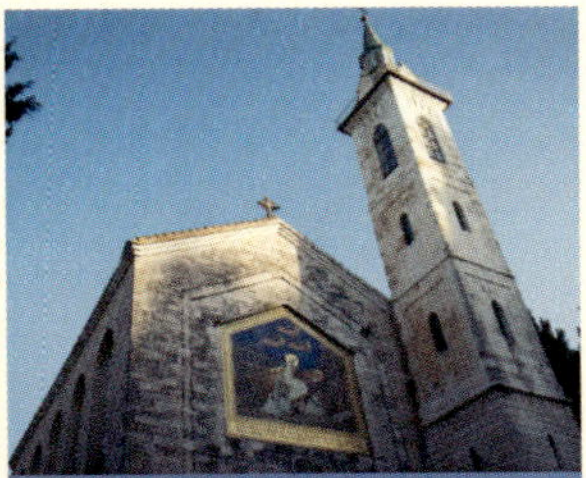
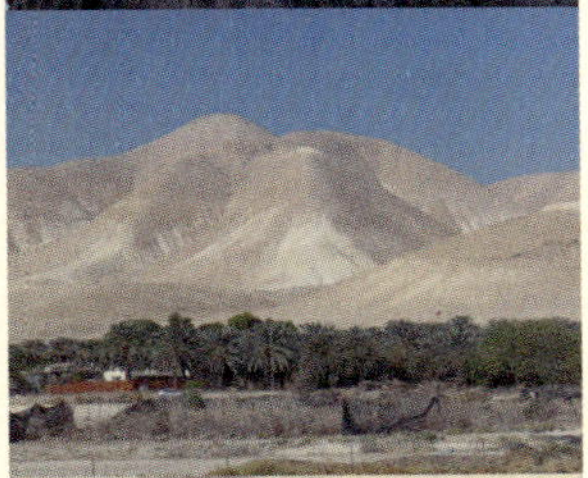
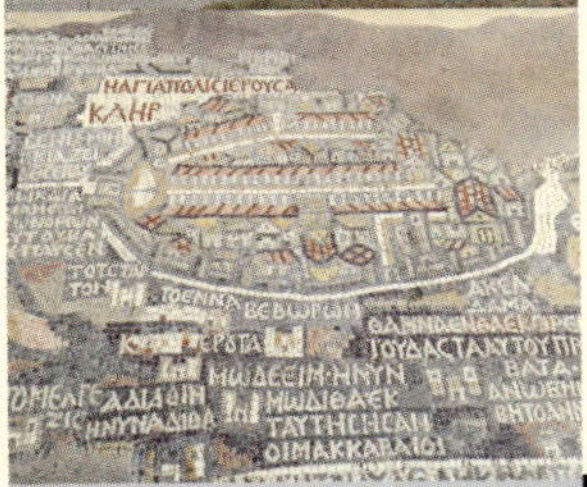
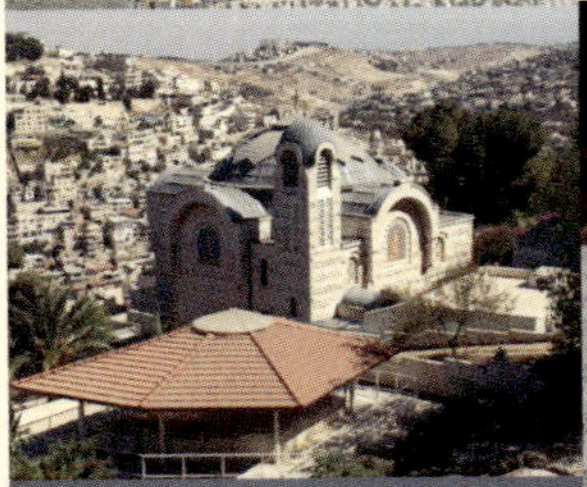
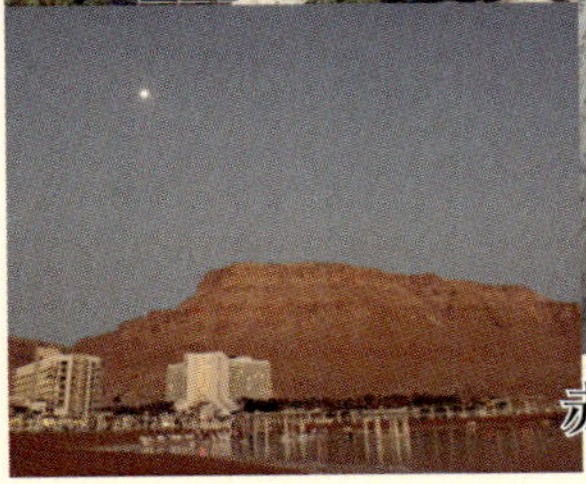

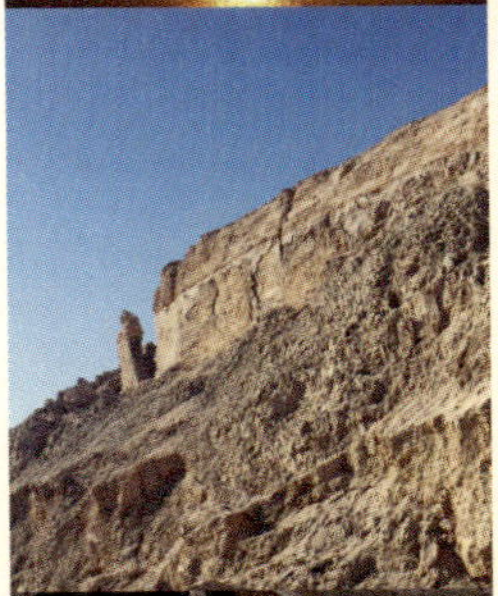
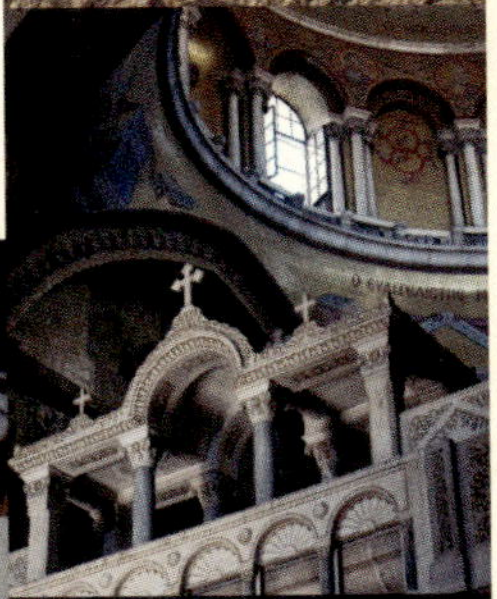
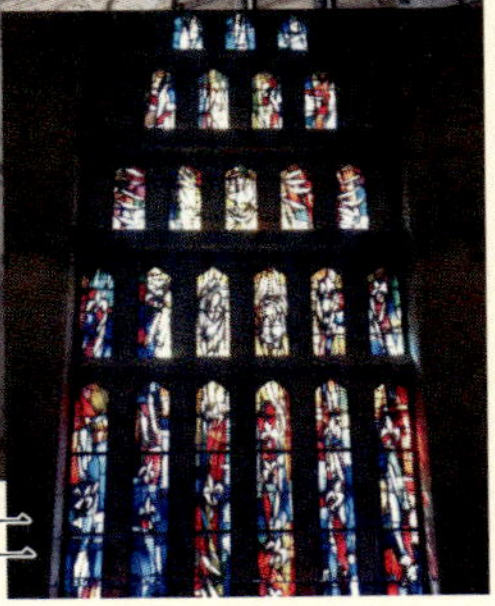
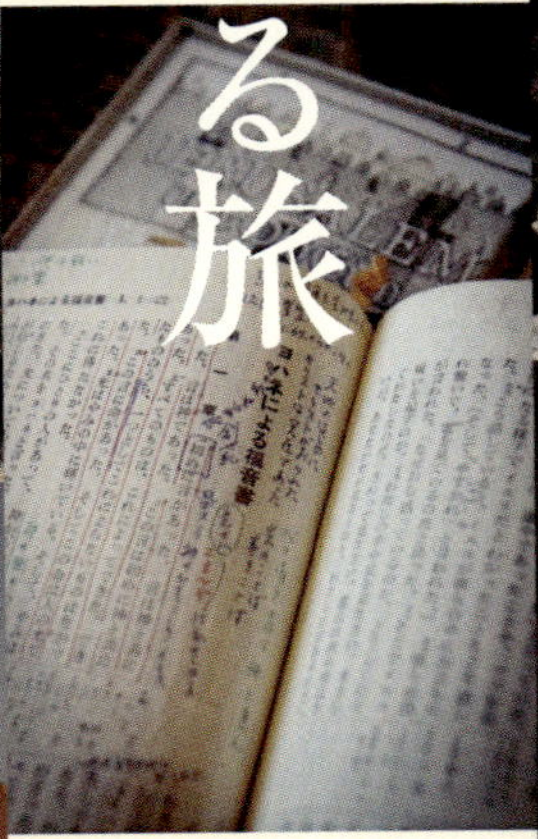

聖なる約束3

黙示を観る旅

赤塚 高仁　船井 勝仁

はじめに

あなた方の書こうとしている黙示の世界はそんなに甘いものではない。

3年連続4回目になるイスラエルの旅の途上、ネゲブの砂漠で突然こんなメッセージが心の中に響きました。

続けて、「よほどの覚悟を持って人類がエゴから離れて変化変容を目指さないかぎり、大半の人が潜在意識の深い所で持っている終末論的な悲劇は避けられないだろう」というかなり厳しいメッセージが、はっきりとした言葉ではありませんが、たしかに意識の中に滑り込んできたのです。

本書が出る少し前に中矢伸一先生との共著『日月神示的な生き方』（きれい・ねっと）を上梓させていただきました。日月神示も人類がこれから大変な経験をするということを神さまから示されているものですが、そういった示唆に出会い、気づいている私たちは、しっかりと覚悟を決めて誰に頼ることなく、先んじてそれを乗り超えていくことを目指す必要があるのではないでしょうか。

赤塚さんの師匠は糸川英夫先生です。糸川先生の名著『逆転の発想』（プレジデント社）は、続編も含めて計4冊が出版されました。また、新約聖書の福音書も4冊からなっています。赤塚さんはそれらにならって、今回3冊目となる「聖なる約束」シリーズも4冊を目標にしてきました。しかし、こんなメッセージを受け取ったいまとなっては、とても4冊では完結しないことは明白です。

赤塚さんとの旅はまだまだ続くようです。皆様に覚悟を促す以上、私たちも役割を果たすまでは続けなければなりませんから、まだ続いていくという意味を込めて、本書は「聖なる約束3」として世に出すこととなりました。

少し生意気に聞こえるかもしれませんが、この本は長くながく、1000年後、2000年後まで読み継がれることを想定して書いています。時代背景の変化に伴って、内容はもちろん、著者も変わっていくのだと思いますが、ヨハネが2000年前に残してくれた黙示録をいま私たちが読んでいるように、後世の人たちにも読まれることを思いながら書いているのです。

赤塚さんと私の主張やアプローチの違いは、現代人の感覚からすれば大きなものがあるかもしれませんが、きっと未来の読者からすれば大した違いではないでしょう。だから、いまの人類の能力を結集するつもりで精いっぱい神のメッセージ（黙示）を受け止め、それを遠慮することなくそれぞれの方法で表現していきたいと思っています。


赤塚さんや私は、おかげさまで神のメッセージのままに、世界中を旅することができる立場にいます。これからもいろいろな黙示を受け取るために旅を続け、それを全力でお伝えしていこうと思っています。

私たちの旅の黙示をどこまで皆様にお伝えできるかは分かりませんが、ひとつ皆さまにお願いしたいことは、それをそのまま盲目的に受け取るのではなく、皆さまの意識を拓いて独自の黙示として受け止めていただきたいのです。

その覚悟を持っていただければ、神があなたに語りかけてきます。それがなければこの厳しい変容の時代を乗り超えることはできないのかもしれません。ヨハネの黙示録をテーマにしながら、私たちが本当に伝えようとしていることは、誰もがそれぞれの黙示を受け止められるような世の中を皆さまとご一緒に創り上げていくことなのです。

２０１４年に亡くなった父、船井幸雄は、よく「神さまは人間の古手や」、と話していました。神と神さまは違い、神、すなわち根源的なエネルギーからメッセージを受け取れる存在が神さまなのだと私は思っています。私たちは、そろそろ人間から神さまに向かっての進化を始めるときを迎えているようです。どこか遠くにいる誰か偉い人に自分の人生を決めてもらうのをやめて、自分の力で生き方を見つけていく時代がやってきました。

本書を手に取られたあなたには、その準備ができているのです。それは決して楽な道のりではありませんが、それがいまこの時代に、地球の、しかも日本に生きている意味なのではないでしょうか。

それでは、赤塚さんと私とともに黙示を観る不思議な旅に出かけるとしましょう。道しるべはあなた自身の中にいる神さまですから、どうぞ安心してついてきてください。

２０１６年9月21日

イスラエル　ネゲブ砂漠のリゾートホテルで朝日を浴びながら

船井　勝仁

もくじ

第1章

終末論の本質と黙示録

赤塚　２０１５年10月に一緒にトルコを旅したことがきっかけになって、私たちの聖書を著わそうということで始めた『聖なる約束』シリーズの３冊目を、こうして船井勝仁さんと始められることはこのうえなく嬉しいことです。

船井　そうですね。1冊目は、考え方も生き方もまったく違う私たち二人が、２０１４年のイスラエルへの旅で本を著わそうということになって『聖なる約束　砂漠は喜び砂漠は花咲き』を出させていただきました。

私はその前に一度イスラエルを訪れたことがあったのですが、このとき「砂漠に雨を降らせる」という約束をするビジョンを見たんですね。物理的に雨を降らせることかどうかは分かりませんが、それができれば過去を水に流すことができて、中東、もっといえば世界に平和が訪れるだろうと感じたのです。

そして、赤塚さんにその話をしたら、旧約聖書のイザヤ書にある「砂漠は喜び砂漠は花咲き」というフレーズを教えていただいて、それをタイトルに入れることになりました。

赤塚　水の恵みが当たり前のようになっている日本人は、「水に流す」ということができるけれども、水一滴が貴重なユダヤ人には、それはとてもできないことなんですね。しかし、だからこそ彼らは一度滅びた祖国を忘れることなく、魂に神話、つまり聖書を刻み続け、約２０００年を経て再び建国するというとんでもないことを成し遂げることができたのです。

僕はよく「魚に水が見えないように、日本人には日本が見えない」という話をしますが、一歩外に出て視座を変えることではじめて見えてくる真実があります。日本は恵まれすぎているがゆえに、日本という自分の根っこまでも水に流してしまおうとしている。その兆しを感じたから、私の師匠である糸川英夫はその最晩年、命をかけてイスラエルに学べ、そして手を繋いで歩めと叫び続けられたのですね。

船井　今思えば、水に流さずに、あいまいにしないで、自分の感じること言いたいことを本気で出しきったのが『聖なる約束』ですね。私たちも苦しみましたが、読者の皆さんもかなり読みにくかったでしょうね。

懲りずにまたこうして本を書くための対談を始めていますが、ちょっと思い出したら逃げ出したくなってきました（笑）。

赤塚　魂の底から同意しますが、もう遅いでしょう（笑）。

それにしても、お互い苦しみながら、それでも信頼しあい真実を引き出しあえる盟友と出逢えたことは、本当に幸いなことですね。

船井　そのとおりだと思います。

詳しくはこれまでの「聖なる約束」２冊をお読みいただければと思いますが、私は赤塚さんに実際にイスラエルに連れて行っていただき、ユダヤ人たちのおかれてきた過酷な自然環境や、その歴史のすさまじさをありありと感じることができたおかげで、専門分野である経済のことをはじめ、すべての物事について大きく視野が開けたように思います。

そして翌年には、赤塚高仁の魂の集大成ともいえる『続聖なる約束　ヤマト人への手紙』を赤塚さんが書かれました。祈り人である天皇陛下が、イエスと同じくキリスト（救世主）であるというクライマックスには、衝撃を受けました。

赤塚　自分の中に流れている、聖書の世界とやまとこころがすっと重なり合った時に、この真実が魂にあふれてきたんですね。私に聖書の世界を教えてくれた師から、それは間違いだから訂正するようにという真摯な手紙をいただいたりもしましたが、僕が書かされた真実が僕の中で揺るぐことはありません。

生粋のユダヤ人であったイエスをユダヤ人たち自らの手で殺してしまった数十年の後、ユダヤ人たちはローマに滅ぼされて国を失いました。その後、ユダヤ人たちは散り散りとなり虐げられてきましたが、神話を語り継ぐことでユダヤ民族としての誇りを持ち続けることができ、再び国を立ち上げることができたのです。でも、そのために彼らは約2000年もの間流浪し、あのホロコーストの悲劇までも経なければなりませんでした。

私たちが天皇を失えば日本は滅びてしまう、そんな危機的な状況に直面しているということ、そして神話を失いつつある今、その後再び日本という国を復活させることは限りなく難しいということを私たちは知らなければならないと強く感じます。

船井　今のキリスト教を中心とした社会というのは、天皇を中心に祈りによって世の中を治めていくやまとの「シラス」社会とは対極にある、権力武力によって支配されているもの、つまり「ウシハク」社会なのですね。

赤塚　僕は昭和の戦争の敗戦、日本が負けて滅びるかどうかという危機を迎えた時以上に、今の滅びの危機のほうが怖いんです。元寇が来たときよりも、明治維新の時の危機よりも怖い。

なぜかというと、「シラス」社会を生きるやまとこころが失われてしまっているいま、日本が滅びたら世界が滅びてしまうからです。「ウシハク」の世が完成したとき、天は「もう人間はいらない」と感じるに違いありませんから。

船井　そうでしょうね。決して脅すつもりはありませんが、いま選択を誤ると、本当に人類は破滅の一途をたどってしまうかもしれません。大げさではなく、それを回避するために命がけで書いているのが、このシリーズだと私は思っています。

そんな流れの中で、私は赤塚さんとの旅をきっかけに聖書を読破したのですが、その最終章である「ヨハネの黙示録」のことがとても気になりました。赤塚さん同様に魂でつながっているもう一人の盟友、小川雅弘さんがこの黙示録に出てくる「14万4千人」にこだわっていることもあり、ワクワクしながら赤塚さんにその解釈を質問したところ、「黙示録は分からない」と言われて少々がっかりしました。

赤塚　これはほかの神話、日本なら古事記も同じことなのですが、聖書を知るには聖書を読まなければなりません。様々な解説や解釈がありますが、それは誰かが感じ、読み解いた「聖書のようなもの」に過ぎないのです。

もし、分らないところ、疑問に感じるところがあっても、それは詮索することなく、他人の意見に頼らないで、一端置いておく。すると、いつかは分かりませんが、必要な時がくれば、まるで目から鱗が落ちるように真実が感じられるのです。

僕は黙示録は何度読んでも分からなかったので、ずっと触れないできました。縁あってオウム真理教の麻原彰晃氏の話を聞いたことがあるのですが、黙示録を根拠に最終戦争が来る、選ばれた14万4千人だけ生き残るといったことを説いていて戦慄を覚えたものです。出てくる数字や言葉じりばかりにこだわっていると、とんでもないことになってしまうのです。

最終戦争のことをよく「ハルマゲドン」といいますが、これはイスラエルに実際にある「ヘルメギド」という丘を指しています。そういった背景も知らずに、いくら読んでもそこに込められた真実の想いが感じられるはずがありません。

船井 赤塚さんには叱られてしまうかもしれませんが、分からないと言われた後に、黙示録に関する本を20冊ほどは読みました。そうすると、オウム真理教ほどではなくても、いまの黙示録の一般的な解釈というのは、やはり終末論ということになるようです。

ヨハネはそんなつもりで書いたわけではないかもしれないけれど、過酷な環境の中で生まれたキリスト教という宗教が、弾圧されて弾圧されて弾圧されて、いつか仕返ししてやるというのがヨハネの黙示録の根本にあるように思えるのです。

赤塚 うーん。僕には全然そうは読めないけどなあ。

船井 真実はともかく、長い歴史の中で、弾圧したローマの人たちの施政が終わるというふうに私には読めましたし、おそらく黙示録を読む大半の人たちはそのように読み取るだろうと思います。

そしてある時に、話が飛躍するようですが終末論が連鎖しているとでも言うべきか、いまのイスラム原理主義の人たちのアメリカ主導の時代をいつか必ず終わらせてやるという感覚と黙示録が私の中でつながったのです。そこで、これまでずっと赤塚さんからイスラエルの話を聞かせていただいてきたのですが、それこそ視座を変えてユダヤ人の逆の立場の人々、つまりイスラム圏の人たちはどんな思いなんだろうと思いました。

ここまで言ってしまっていいのか分かりませんが、いずれにしても、キリスト教の時代は早晩終わると思います。ただ、その後のことを考えると、このまま「ウシハク」の時代が続くとすれば、その前に人類が破滅しないかぎり、次はほぼ間違いなくイスラム教の時代になります。日本人にはあまり実感がわかないかもしれませんが、数十年後には人数の上ではイスラム教が世界の趨勢《すうせい》となるのです。

赤塚　勝仁さんはそれをずっと危惧していますよね。

船井　はい。私にとって今回のこの本の一番大きな目的は、西洋の終末論を終わらせたいということなんです。いま、この終末論が封印となって、潜在意識下かもしれませんが世界の人々の意識が、最終戦争のようなかたちでいったんすべてを終わらせないと新しい時代へ進めないということになっているように思えます。その封印を解きたいのです。

赤塚　僕の感じている危機も、そこに答えがあるかもしれませんね。

船井　今はヨハネの意図に反して完全に終末論になってしまっている黙示録をしっかり見つめて、本来の姿に戻していくことができたら、自ずと封印が解けて終末論が終わり、新しい未来が現れてくるのではないかと感じています。

神道と仏教というまったく違う宗教を神仏習合というかたちで一緒にできた日本。そのやまとこころをもってすれば、おそらくキリスト教もイスラム教も包み込むことができるのではないでしょうか。そういう「シラス」社会になっていかないと、人類は本当に危ないんじゃないかなと私には思えるのです。

そのためにも、キリスト教なんて、聖書なんて関係ないと思わずに、まず日本人がそこから真実を感じていく作業がとても大切だと思います。まあ、いつものように赤塚さんと私は見解が違うので、黙示録の読み方もまったく違っていると思うんですが。

赤塚　それはもう、お互いの手段の違いなので、どっちもあって、そこから浮き上がってくる真実があるのだと思います。理屈王の面目躍如で、どうぞいろいろな解釈を教えてください。

船井　それでは、赤塚さんにつけてもらった理屈王の称号に恥じないように（笑）、まずは一般的な「ヨハネの黙示録」の解釈と、そこから導き出した私なりの考察を述べていきたいと思います。

事実ではなく真実を語る

新約聖書の最後に配された「ヨハネの黙示録」は西暦96年頃に書かれたと言われています。

一般的な解釈では、聖書には３人のヨハネが登場します。１人目はイエス・キリストに洗礼を授けたバプテスマ（洗礼）のヨハネ。２人目は「ヨハネによる福音書」を書いた福音書のヨハネ。そして、３人目が「ヨハネの黙示録」を書いたパトモスのヨハネです。パトモスとは「ヨハネの黙示録」が書かれた場所です。

私が最初に「黙示録」という言葉を聞いたのはたしか高校生の頃で、「ゴッドファーザー」等の監督をされているフランシス・フォード・コッポラ監督によるベトナム戦争をテーマにした映画「地獄の黙示録」を観たときでした。恥ずかしながらその時は黙示録の意味はまったく分からず、映画の内容からして何かおどろおどろしいもののことを表す言葉だろうと単純に考えていました。

また、同じく高校時代に英語の先生が欧米文化を理解するためには聖書が分からなければダメだという話をしてくれたこともよく覚えています。いまなら解説書を読むという知恵も浮かぶのですが、当時の私はホテルに置いてある聖書をパラパラとめくってみて、これはとても読めないと早々に諦めてしまいました。


多少は聖書の知識も身についてきた最近になって、確かに欧米人の生活や慣習、文化の中には聖書に基づくものが数多くあることを実感しています。イスラエルというと、私たちからすれば危なくてとても観光に行く場所ではないような気がしますが、聖書の世界が実際に広がっている彼の地は、敬虔なキリスト教徒に限らず欧米人にとって一度は訪れてみたい人気の観光地だということには驚きを感じます。

私はいままでにイスラエルを3度訪ねましたが、日本のキリスト教の関係者はあまりイスラエルに行くことはなく、書物で聖書の世界を紐解く方が多いようです。そんな中、共著者の赤塚高仁さんはキリスト教関係者ではないにもかかわらず、いままでに13回（2016年9月には私も同行させていただき14回目のイスラエルツアーに行く予定です）もイスラエルに行かれています。赤塚さんはまさに足の裏で聖書を読む人であり、実際にイエスやペテロ、パウロの魂に触れることで聖書を体感するという貴重な体験をさせてくれているのです。

本書を著すきっかけになったトルコへの旅も、パウロの足跡をたどりたいということで、まさに足の裏で読む聖書を実践したからでした。ただ、足の裏で聖書を読むということは、赤塚さんの意識にイエスや聖人などが語りかけるということになるので、そこからあふれ出る言葉たちは赤塚さんの解釈ということになるのだろうと思います。

一方、宗教学的に聖書を学ぶ人たちは、先人の積み重ねてきた研究を書物を通して学び、論理的な整合性を追求し確立していくものなので、一般的に見て万人が納得しやすい理論が確立されていきます。残念ながら、私はほとんど聖書の勉強をしたことはありませんし、もちろんキリスト教徒でもないので牧師さんや神父さんのお説教もほとんど聞いたことがありません。したがって、私の聖書の知識の大半は、赤塚さんの影響を受けたものだということになります。

赤塚さんは一時期かなり敬虔なキリスト教を学ぶ団体に属されて、深く聖書を読み解かれています。いまはその団体からは離れられていますが、やはりそこで学ばれたことは赤塚聖書学においては血となり肉になっているのではないかと思います。そして、それは一般的な現在の日本の権威となっている解釈とは少し異なっているような気がするのです。

たとえば、冒頭に書いたように聖書には3人のヨハネが存在するというのが一般的な解釈ですが、赤塚さんは福音書のヨハネと黙示録を書いたパトモスのヨハネは同一人物だという確信を持たれています。

どちらが正しいか正しくないかをここで議論することには意味がないと思います。たしかに、学者の世界では事実を解明し正しい解釈をするのはとても重要なことです。たとえば、織田信長や豊臣秀吉や徳川家康が歴史上に存在したことは間違いのない事実だと思いますが、同時代に存在し茶の湯の世界に確かな足跡を残している古田織部については、秀吉の時代までは大名であったにも関わらずほとんど記録が残っておらず、謎の部分がたくさんあります。

また、歴史上の重要人物であっても聖徳太子や蘇我馬子ぐらいの古い年代になると、彼らが本当に実在したかどうかも含めてあいまいさは格段に大きくなります。そういったあいまいさをなくしていくことで、歴史を正しく認識していくことも学問としては意義深いことであり、同様に福音書のヨハネとパトモスのヨハネが同一人物かどうかを論じることにも意味はあるのだと思います。

しかし、本書の目的は正しい聖書学や歴史学を伝えることではありません。本書の核心は赤塚さんがどう感じ何を伝えようとしているのか、そしてそれを読んでくださる読者の方がそれをどう受けとめるかという一点に尽きるのです。

それよりも赤塚さんの言を借りれば、「事実ではなく真実を明らかにすること」を本書では大事にしていきたいと思います。弟の素戔嗚命《すさのおのみこと》の乱暴狼藉に耐えかねて天照大神がお隠れになってしまい、それを神さまたちの智恵で開いたという天岩戸開きが本当にあったかどうか、その天照の孫である瓊瓊杵尊《ににぎのみこと》が天孫降臨をされ、その曽孫の神武天皇がいまから２６７６年前に橿原《かしはら》神宮で初代天皇に即位されたという事実を確かめることはできませんが、赤塚さんが魂の底から感じるところによれば、それはまぎれもない真実なのです。

その観点からすれば、赤塚さんにはっきりと語りかけてくるヨハネは使徒ヨハネその人です。イエスからその後の聖母マリアのことを託されて共にいまのトルコのエフェソという土地で暮らし、最晩年パトモス島に幽閉されたときに真実のイエスの姿を見せられ、「ヨハネの黙示録」を書いたという真実にはゆるぎないものがあるのです。それを受け入れるかどうかは読者の自由であり、それぞれの真実を感じていただければそれでいいのだと、私は思っています。

黙示録は終末論か否か

さて、話は変わりますが、本書と同じ時期に、はせくらみゆきさんと共著で『お金は5次元の生き物です！』（ヒカルランド）を出版する予定になっています。その対談の中で、はせくらさんから「歴史上の時間は4つある」と教えていただいたことに私は大きな衝撃を受けました。出典は東大名誉教授である真木悠介氏の『時間の比較社会学』（岩波現代文庫）です。

4つの時間の最初は「反復的な時間」です。原始共同体で使われていた時間感覚であり、過去や未来は存在せず、今この瞬間に時間を創るという時間意識です。存在するのはこの瞬間だけであるということから、まさに「中今」という感覚と言えるでしょう。

二つ目は「円環的な時間（ヘレニズムの時間）」です。天体の運行や生態系の秩序を観察しているうちに繰り返していることを発見した古代ギリシャに起源を持つ時間意識で、時間は円であり循環しているという時間感覚になります。

三つ目が「線分的な時間（ヘブライズムの時間）」です。ここまでの時間感覚は反復と円環という現代の時間感覚とはかなり異なるものだったのですが、ここではじめて、かなり現代感覚に近い時間が生まれたことになります。背景にあるのは終末論というユダヤ教の黙示文学にあるとされています。旧約聖書のイザヤ書やダニエル書などでユダヤ民族を虐げた者たちが神の審判を受け終末を迎え、その後に救世主（メシア）が現れてユダヤ民族を救うというのが終末論です。

そして、最後の四つ目の時間が現代の私たちが使っている「直線的な時間」です。それまでの時間は日時計や水時計、砂時計などで測られていましたが、どちらかと言うと自然のリズムに基づく循環的な時間感覚で農村のライフスタイルに適合する時間でした。ところが、13世紀末に機械時計が発明され、それが15世紀から16世紀にかけて教会や市庁舎などの公共の建物に設置されるようになり、それに基づいて教会の鐘が鳴らされ、その鐘によって生活のリズムが刻まれる都市的な人工の時間が主流になっていったのです。

日本の例で言うと、明治6年に新暦が採用されたのですが、それまでは日の出と日没までを十二分して時を刻んでいました。つまり、現代の時間にあてはめると夏は昼間の半時（はんとき：現代の感覚で言う一時間の感覚に一番近い時間）が長く、冬は夜の半時が長いということになります。

その結果、「お江戸日本橋七つ立ち……」で有名な「七つ」も、夏は現代の時間でいう午前三時ごろになりますし、冬は午前六時ぐらいということになり、私たちには想像しにくいのですが、農業が生活の中心であった当時の社会においては極めて合理的な時間感覚だったと言えるでしょう。

本書で注目したいのは、現代につながる時間の誕生となった三つ目の時間である「線分的な時間」が生まれた背景にあるのが黙示文学であり、終末論だということです。黙示文学ができたことで終末論が生まれ、終わりがあれば当然始まり（もちろん聖書では創世記です）があります。それを逆説的に見ると、線分的な時間が一般的になっていったのはユダヤ教をベースとするキリスト教が普及する過程においてだと言えるのではないでしょうか。

実は、黙示文学は旧約聖書の中にも見つけることができます。たとえば、紀元前8世紀ぐらいに書かれたと言われているイザヤ書の前半部分は、紀元前6世紀にユダヤ国家が滅ぼされ生き残った人々がバビロンに連れて行かれた、救世主（メシア）の出現前のユダヤ民族の最大の試練であるバビロン捕囚を預言した書と言われています。

また、紀元前165年ごろに書かれたダニエル書は旧約聖書の中でもはっきりと黙示文学が現れたものだと言われており、それがヨハネの黙示録に通じるという説もあります。つまり、それらは終末論が醸成され、線分的な時間が作り出されていく過程であるということになるのです。

そして、赤塚さんの聖書の読み方とは違いますが、「ヨハネの黙示録」はそれら黙示文学の集大成であり、終末論が明確に完成されたものであるというのが、いまの世の中の一般的な見方だということになります

終末論の背景にあるギリシャ的な世界観

ここからしばらく、聖書の中での黙示文学の集大成がヨハネの黙示録であるという見方のまま、論を進めてみたいと思います。

旧約聖書の中の黙示文学は、ユダヤ民族が苦難の歴史の中でメシアの出現を待ち望むのですが、預言と違ってメシアはなかなか現れません。ユダヤ民族は預言が実現しなかったのではなく、彼らが神との約束（契約）を守らなかったからだという解釈をしていくのですが、研究者たちはあまりにも長い苦難の歴史の中で趣旨がだんだんねじ曲がってきたのではないかという見方をしています。

そしてその結果、私たちをこれだけ苦しめている人々のことをいつの日か必ずや神が懲らしめてくれる、復讐してくれるという論旨になっていきます。旧約聖書のときはイスラエルやユダヤ王国を苦しめた異邦人国家やそれに従う同胞たちが異邦人の神々を信仰することに対する神の怒りという形で表れていますが、やがて倒錯が起こり黙示文学の中に異邦人たちの神々が持っている復讐の論理が入ってきてしまうのです。

たとえば、ギリシャ宗教は古い世界（コスモス）が徐々に新しい世界に変化していくというストーリーになっています。近代の科学論で言うところのパラダイムシフトと同じような感覚と言えば分かりやすいかもしれません。ニュートンの物理学ですべて説明できていたパラダイムが、極微のコスモスが観察できるようになってくると矛盾が多くなり成り立たなくなっていきました。そこに、アインシュタインの物理学が出現してパラダイムが変わったのです。

そして、そのアインシュタインの物理学にも矛盾が多くなってきて、現代の物理学は量子論というパラダイムに移行しつつあるというのが科学的方法論の立場です。それと同じように、ギリシャの神々のコスモスも徐々に進化していきます。そして、古代は現代の感覚とは違い、古いコスモスの神々は新しいコスモスにパラダイムシフトした後は悪魔（サタン）になっていくという世界観を持っていました。

ユダヤ教を嚆矢《こうし》とする一神教の世界は唯一絶対神のみを崇拝するのですから、本来は古い神々がサタンになっていくという宗教感覚とは相いれないはずです。しかし、旧約聖書の中には他民族の神々（つまり古いコスモスの神であるサタン）を信奉する人が王侯貴族を筆頭に後を絶たず、それが神の預言が実現しない大きな原因であるという見方がされているのです。

赤塚さんのイスラエルツアーで、最先端のテクノロジーの集積都市になっているハイファという街の郊外にあるカルメル山に連れて行っていただいたことがあります。ここは、旧約聖書の列王記の中で、預言者エリヤがバアル神の預言者たちと対決して勝利を収めた場所です。赤塚さんのツアーは足の裏で読む聖書なので、実際にエリヤがたった一人で４５０人のバアル神の預言者たちと対決した様がありありと見えてくるような気分になりました。

旧約聖書の世界では、このような異教とのやり取りを通じて信仰が最も純粋になり栄耀栄華を極めたのがダビデ王やソロモン王の時代で、それが弱まっていくと世の中が乱れていくというストーリーで展開されていきます。そして、大国の横暴という苦難の歴史が続く中で、ギリシャ的な古い神さまや異教の神がサタンになっていくという世界観が聖書の中に徐々に紛れ込んできたというのが、現代の黙示録に関する解釈の主流になっています。

そして、ヨハネの黙示録が書かれた紀元後96年は、ローマ帝国が全盛を極めた直後の退廃期で、悪名高い皇帝ネロなどから信じられないほどの残虐な扱いを受けていた時期でした。ギリシャ宗教の影響を受けて始まった黙示文学が、ヨハネの黙示録の段階ではとてつもなく巨大で永遠に打ち破れそうにないと思えるほどの力を持つローマ帝国への復讐という形に変質していったというのが、一般的なクリスチャンの捉え方になっているのです。

それが近代になってルネッサンスや宗教改革などでより多くの人が聖書に直接触れるようになってくると、その論理的な矛盾に気づく人が多くなり、やがてキリスト教の限界がヨーロッパの知識人の間で認識されるようになってきました。

逆説的ではありますが、一神教的な宗教観によって始まった線分的な時間が、宗教から離れることによって直線的な時間に進化して、時間を守る（パンクチュアル）ことが現代を生きる私たちにとって最大の倫理観となり、それによって社会の進歩が信じられないほど進むことになっていくのです。

神を殺した女性の解放

本章を書く上で私が一番参考にしたのが、D・H・ロレンス著『黙示録論』（ちくま学芸文庫）です。訳者はシェークスピアの翻訳なども手掛けている、産経新聞の論壇誌『正論』の創刊にも関わっていた日本を代表する右派の評論家福田恆存氏で、『黙示録論』は1929年から1930年に書かれたロレンスの最後の評論であり、1936（昭和11）年に書かれている福田氏の東大英文科の卒業論文に取り上げられていることから、福田氏にとっては最初の評論とも言われているようです。

とても難解な本なので私もすべてを理解しているわけではありませんが、ロレンスは『チャタレイ夫人の恋人』の著者として有名な人です。原作は1928年に書かれっているのですが、ストレートな性描写が問題となり、母国イギリスで1960年になって発刊された無修正版が猥雑本として告発されたという問題作です。

日本でも1950年に発刊された無修正版が猥せつ文書として出版社だけでなく訳者伊藤整氏まで起訴され、最高裁で有罪が確定しています。その後、時代の変遷もあり1996年に伊藤版の無修正本が新潮文庫より『完訳　チャタレイ夫人の恋人』として発刊されていて、私が入手したものは平成27年8月5日の十七刷と版を重ねており、簡単に手に入れられるようですので読まれてみてはいかがでしょうか。

長々と『チャタレイ夫人の恋人』のエピソードをご紹介したのは、キリスト教の限界を欧米の知識人が感じるきっかけになったのは性の解放だったということに『黙示録論』を読んでいて気づいたからです。『黙示録論』の原題は"Apocalypse"なので、文字通り「黙示録」という意味ですが、日本で最初に出版された1951（昭和26）年版のタイトルは『現代人は愛しうるか』（白水社）でした。翻訳者にとって、この本のメインテーマは信仰と共に敬虔な生活を送っていた時代のような愛し方は、現代人にはもはやできなくなってしまったということだと推測できます。

『黙示録論』を読んでいて気づいたのは、一神教の人々は女性の解放を恐れたということです。一神教的な世界観では女性は男を迷わせる存在で、逆に言うと男の所有物だということが聖書にも書いてあります。特に資本主義を発展させたプロテスタントの考えの中には禁欲主義という概念が色濃く感じられます。牧師にも妻帯を認める代わりに一夫一婦制で厳格な性の倫理観を大事にすることを強要し、そのことが資本主義の発展に大きく寄与してきたのです。

ヨハネの黙示録の中には、「バビロニアの大淫婦」という表現が出てきますが、これは邪教を信仰する大淫婦という意味にも取れますが、ストレートに読み解くとやはり男を誘惑して淫乱なふるまいをさせた女性という意味に取るのが自然でしょう。

砂漠の厳しい宗教である一神教の中では、家父長的な男性の優越性や一族のリーダーの絶対性、さらには唯一絶対神に対するゆるぎない信仰が大切であり、それを乱すもとになる性的な頽廃《たいはい》は許すべからざるものでした。それゆえ、彼らにとって倫理観の管理は、何より重要なテーマだったのです。

イスラム教では妻を4人持てるという有名な話がありますが、これはアラブの厳しい環境下では未亡人になった女性はとても生活していけないことから、彼女たちを救済するために裕福な男性が妻を4人まで娶ることを認めるという性格を持っています。

すべての妻に対して完全に平等に接しなければならないので、たとえばダイヤモンドを買ってあげるのなら全員に平等に買わなければいけないことになっています。だから、よほどのお金持ちで、かつ精神的にも寛大な人でもないかぎり、実際に複数の奥様を持つことはないそうです。

一神教においては男性の優位性が大事であり、そのために女性は男性の所有物であるという概念があるのです。よく欧米ではレディファーストが徹底されていてうらやましいという話がありますが、それもともとはと言えばそれぐらいの規定で縛らなければ女性が虐待されてしまうために行われるものだったという説もあるほどです。

日本では家計の管理、もっとストレートに言ってしまうと財布のひもは奥様が握る場合が多いと思いますが、欧米ではありえないぐらい珍しいという話を聞いたこともあります。

赤塚さんがご講演でよくされる話で、出典をあたったわけではありませんが、日本の武士の妻女は「三歩下がって後ろを歩く」というふうに言われますが、それは愛する妻をいざという時に守るために、刀を抜いて応戦できるだけの距離感をいつも保っていたということだという話があります。儒教の影響もあって、日本社会には家父長的な側面も確かにあり、男性優位の社会であることは間違いありませんが、欧米のそれとは度合いがまったく違うように感じます。

渡辺京二著『逝きし世の面影』（平凡社ライブラリー）は、江戸時代末期の様子を来日した外国人の日記などから考察している名著ですが、それによると江戸末期における性への向き合い方は、いまの私たちとはまったく違っていたようです。

当時の銭湯は混浴が当たり前で、少なくとも庶民にとって若い女性が男性の前で裸になることが恥ずかしいことであるという感覚はありませんでした。夏になると江戸の大通りには水浴びを楽しむ女性たちがたくさんいたそうで、外国人が物見遊山でそれを見物に行くと、外国人珍しさに女性たちが素っ裸のまま逆に彼らを見物に来て困ったというような記述が紹介されています。

また、『忘れられた日本人』（岩波文庫）という名著を著した宮本常一先生という民俗学の巨星がいます。宮本先生は日本中の村を実際に地道に歩き回るフィールドワークを通じて、日本の社会の構造を明らかにしていきました。

特に、いまでは失われてしまった、機械化が進む前の共同で農作業を行うために村々に残っていた風習を調べることで、日本的な共同体がどのようにして成り立っていたか、また日本人のメンタリティの根本には何があるかを明らかにした功績は大きいと思います。

『忘れられた日本人』の中で、日本の村の意思決定は「寄合」によって時間をかけて全員一致で行われていたということが分かる「対馬にて」という文章があり、これをヒントににんげんクラブ（父、船井幸雄が創設した百匹目の猿現象でいい世の中を創っていくための団体）では各地で「寄合」を開催してもらっています。話の方向を決めるファシリテーターはいてもいいのですが、上下関係を生むようなリーダーを置くことなくみんなが本心本音を語り合える直接民主制のような場づくりを目指しているのです。

『忘れられた日本人』の中で私が一番おもしろいと感じたのは「土佐源氏」という話です。最後は橋の下で乞食の生活をすることになる馬喰《ばくろう》の夜這いの話をまとめた話で、引き込まれるように読んでしまいました。

その他にも、ある地方では田んぼの神さまに嫌われないように田植えは女性だけで行ったということが書かれています。昔の女性は下着をつけていなかったので田んぼの神さまに大事なところをお見せして豊年満作をお祈りしながら田植えをしたといいます。そして、その女性だけの田植えの場で解放的な性の話を存分に楽しんだのです。

こういった民俗学の記述を見ていると、日本人が本来持っている性に対するメンタリティは現在の欧米社会がキリスト教の倫理観で作り上げたものとはかなり異なっていることが分かります。

そして、現代の時間感覚が、宗教的価値観に縛られる線分的な時間から宗教をかなぐり捨てて社会変革が始まるきっかけになった直線的な時間に移行した大きなきっかけは、やはり性の解放にあったように感じます。すなわち、『チャタレイ夫人の恋人』は、性の解放を通じて一神教の崩壊を示唆しており、同じ作者が『黙示録論』を書くことになったのだと感じているのです。

時間の流れを逆転させる

ここまで述べてきた時間感覚の推移は、現代の機械時計の時間感覚を持っている私たちの解釈に過ぎないという意見がいまでは主流になっているようです。実際に、社会学で大家族や村落などの農業を遂行するための共同体（ゲマインシャフト）が崩れて、それが単に物質的つながり（ゲゼルシャフト）になっていくことへの警告が発せられたのは「時間の社会比較学」が書かれた30年ぐらい前までのことです。

だから、時間感覚の議論には学問的には大きな意味はないのですが、ミヒャエル・エンデが『モモ』（岩波少年文庫他）の中で表現した、時間泥棒的な時間感覚が一神教の終末論から始まっており、皮肉なことに近代になって資本主義社会が爆発的に発展するための必要条件であったパンクチュアルであるという習慣が、女性性の解放などによって始まった宗教の否定からスタートしているという感覚は黙示録を考える上では面白いポイントになると思います。

『黙示録論』を読んでいて、東洋では龍はとてもありがたい存在なのに、なぜ西洋では邪悪なもの、退治しなければならないものということになっているのかという疑問が解けました。エチオピアにラリベラという世界遺産になっている岩窟教会群があります。

いまでも原始キリスト教の痕跡を濃厚に残していてとても興味深かったのですが、日本の麒麟ビールに相当するのであろうエチオピアを代表するビールの銘柄が「セント（聖）ジョージ」でした。日本では「聖ゲオルギウス」という名前で知られている、ドラゴンを退治したことで有名なキリスト教の聖人です。国民的ビールの名前がドラゴン退治の聖人というわけですから、どれだけ龍が悪者になっているかということがよく分かるエピソードです。

ロレンスが述べているのは、精神分析のフロイトではありませんが、すべての衝動は性的なことにつながっているという感覚が西洋人にはあるということです。これはおそらく、一神教で性的なことを抑圧してきた反動だと思うのですが、その情動を象徴しているのが蛇であり、ドラゴンだということなのです。

ヨガの究極の悟りやエジプトに伝わる「マグダラの書」などで伝えられているクンダリーニという、七つのチャクラを順々に性エネルギーが駆け上っていく蛇のような感覚につながる性魔術を封印したのが一神教の起源だというところに考察が至ると、ドラゴンを退治するということは男性にとって性的な魔力を持っている女性の本性を封じ込めるという意味があることが分かります。そこまで考察したところで、西洋の人たちがドラゴンを恐れ敵視することの本質が初めて分かりました。

ここでもう一度、4つの時間感覚の推移をまとめてみると、（反復⇩円環⇩線分⇩直線）という流れになっています。これは宗教的感覚で言うと（アミニズム、神道⇩ヒンズー教、仏教⇩一神教⇩無宗教）、産業で言うと（狩猟⇩農業⇩工業⇩金融業）、というように対応しているようです。私たちの社会はそれぞれの時間感覚パラダイムシフトによって大きく進歩してきました。

たとえば、農業が主体の世界ではいまの私たちの感覚で豊かで文化的な生活を享受できていたのは、僧侶、領主、騎士などごく限られた人々のみであり、大半の農民は農奴という状態で、生きていくのがやっとでした。しかし、産業革命が起こって資本主義が発展し、いまでは本書読者の皆さまなら全員が昔の王子様でもうらやむような快適で文化的な暮らしをしています。

ただし、どうも資本主義は世界的に見ると人口の15~25%ぐらいの人を幸せにするのが限界で、いまでは貧富の差が広がってきていることなどを考えると文明論的にはすでに退化が始まっている状態だと言えるのかもしれません。

拙著『天律の時代が来た! 生き方の原理を変えよう』(徳間書店)などでも書かせていただいてきたとおり、通常、進化、生成発展の過程は円環的に螺旋状(スパイラル)に進んでいくものと考えられます。「渦」というふうに表現してもいいかもしれません。

いま、直線の時間で行き詰っているのなら上昇しながら反復の時間に戻っていくというのが3次元的な進化の方向だと言えるのではないかと、私は考えています。これだけの近代文明を享受しながら、未だに万物に神性を見出すアミニズム的な感覚を保っている神道という宗教をＤＮＡの根本に持っている日本が大切であり、日本の時代が来るという論理が展開されるようになってきているのではないでしょうか。

しかし、次の社会形態が狩猟社会に戻るというのは、いかにも乱暴な気がします。私は楽観的に都市文明がますます興隆していく方向に社会は進んでいくと思っていますが、悲観的に考える人たちの間では、都市文明が崩壊して農業を中心とする共同体社会（まさにゲマインシャフト）が復活して、都市住民が農村に帰っていくという見方がなされています。

つまり、これからの時間感覚はいままでと逆の方向に動いていくことになるのだというのが、本書の考察を進めている中で出てきたアイデアなのです。

ただ単に逆に動いていくのなら、退化ということになってしまいますが、次元上昇をして次元の壁を超え高次元的な感覚で逆に動いていく感覚なら、それはアリなのではないかと感じます。そして、感覚的な表現になってしまって恐縮ですが、次元の壁を超えるのはスパイラルのイメージでいいのですが、メビウスの輪のようにひねりを加えると考えるともっと分かりやすくなると思います。ひねるので自然と時空の感覚が逆になるというイメージを持つことができれば、なんとなく感じやすいのです。そして、この高次元の時間は意外にあっという間に過ぎ去っていくのかもしれません。

いまの世相を見てみると、社会的な女性の解放が起こり、一般的に見ると性の退廃が進んでしまっていて、創世記で書かれているソドムとゴモラのように、あまりの退廃ぶりに神の怒りを買って街ごとすべて滅ぼされてしまいつつあるような状態にある気もします。

これは、極まって行き場を失いつつある直線的な時間の中での価値基準に私たちがまだ囚われていることが引き起こしていることであり、黙示録にしても、いまの状態では恐怖に満ちた終末論を超えて、その本質に迫ることはできないのではないでしょうか。

だからこそ、黙示録の本来の意味をしっかり感じ取るために、いったん高次元で線分的な時間を味わってみる必要があるような気がしています。そのためには、本章で私が書いてきたようなアプローチではなく、足の裏で聖書を読み、福音書と黙示録を書いたときのヨハネの気持ちを感じながら説いていく赤塚さんの「時空を超えた」聖書の読み方が必要なのではないかと思うのです。

事実ではなく真実を体感するために、一般論や理屈理論はすこし脇に置いて、次章では赤塚さんのヨハネの黙示録についてのお話をお読みいただければと思います。私自身、どんな黙示録が感じられるのかワクワク待ち遠しく感じています。

第2章 聖書に書かれている最大の秘密

赤塚　僕の読む聖書が時空を超えているとは、思わぬ展開に驚きました。なんとも勝仁さんらしい読み方ですね。ありがとう。

船井　赤塚さんがよくおっしゃる「足の裏で読むと、聖書が近づいてくる」というフレーズにピンときました。それは結局過去が現在に現れるということ、つまり、まさに時空を超えていますよね。

これは聖書の世界に限ったことではなくて、たとえばユダヤの国が大きな悲劇をもって完全に滅ぼされたマサダであったり、その再生を果たす中心となったイスラエル初代大統領デビッド・ベングリオンがその最晩年を過ごした開拓者たちの小さな家であったり、その場に足を運び、当時の様子をありありと感じられる赤塚さんの言葉によって、当時の時空がいまここに現れてくる感覚があるんです。

歴史の中での時間感覚の変化を教えてもらった時に感じた、スパイラルがひねられて凝集し逆に拡大していくイメージは、過去が現在に凝集されてくる赤塚さんの時空を超えていく様子と重なるように感じます。

赤塚　あいかわらず難しい理屈ですが（笑）、エゴや依存によって自分勝手に作るのではない真実の過去が現在にありありと浮かびあがり語りかけてくること、そこから学んでいくことが、いまとても重要なことであることは間違いないと思っています。

船井　だから、1章ですこし話題にしたとおり、ユダヤとは逆の立場、つまりイスラムの人たちの視座に立って、そこからイスラエルや日本を見てみたいと思ったのです。

やはり実際に足を運んでみなければと思った時に、2015年イスラエルを旅した時の仲間の一人がイスラム教圏のトルコに在住されていたことから、トルコに行くことにしました。イスラエルのご縁ですから赤塚さんをお誘いしたところ、行きたいということでご一緒することになったのです。

赤塚　信頼している人からの頼まれごとの返事は「ハイ」か「イエス」しかありませんからね。

ただ、僕は正直言ってイスラムにはあまり関心はなくて、聖霊体験を通じて共に在ることを示してくださったパウロの足跡をたどりたいという気持ちを持っていました。

トルコの中でも、ヨハネの黙示録に登場する７つの教会すべてに行くことになって、その中の一つ、エペソに行ったときに一番びっくりしたのが、マリアとヨハネがその最晩年に住んでいた家が、そこにすべて残っていたということです。裏にはヨハネのお墓まであった。もう、本当にびっくりしました。

船井　ヨハネは十字架に架けられたイエスから母マリアを託された、最愛の弟子なのですよね。そのヨハネがあのエペソという穏やかな場所で暮らし黙示録を書くことで、聖書は完成したんだなあと、感慨深い思いになりましたね。

赤塚　そう、それにパウロももちろんそこにいたんですね。イスラエルにいたときには、ものすごく厳格だった人間が、豊かで自由な信仰へと変えられていったように感じました。

船井　そういえば、赤塚さんが初めて聖霊体験をされてパウロに出逢われたのも、イスラエルを外から見てみようとシリアを旅された時ではなかったでしょうか。

赤塚　そのとおりです。イエローハットの創業者である鍵山秀三郎さんがそのようにおっしゃって、ヨルダンとシリアを訪ねたとき、シリアのダマスカスでパウロの声を聞いたのです。

そのパウロに誘われてトルコを訪れると、そこに待っていたのは黙示録を書いたヨハネその人だったというわけです。きっと勝仁さんも何か感じられるところがあって、どちらからともなく「黙示録を書こう」ということになったのでしたね。

勝仁さんがおっしゃるとおり、たしかに黙示録というのは、聞いただけでぐっと重たくて暗い感覚があると思います。僕はその感覚が好きではなかったのですが、トルコでヨハネの霊に触れて、真実はそうではないということを伝えたいと強く感じたのです。

本当は今年のイスラエルの旅の中でもトルコに寄る行程を考えていたのですが、クーデターによる緊急事態宣言が出たために、断念せざるをえなくなりました。

船井　旅の直前の行程変更は本当に大変なことですよね。

赤塚　飛行機や尋ねる場所や順序、すべて変更を余儀なくされて相当苦労しました。でも、信頼する旅行会社も大変な努力を重ねてくださって、結局行くことになったのが、奇しくも鍵山さんと訪れたヨルダンですから、やはりすべてが必然なのだと感じますね。

ヨルダンでは、モーセがエジプトを出て40年もの間多くの民を引き連れて荒野をさまよい続けた末に、約束の地カナンを目前にして神からお前は入るなと言われ、その最晩年を過ごしたネボ山を訪れます。

思えば糸川博士から最初に教えていただいたのが「後継者を見つけ、退いた後には指一本触れてはならない」という、モーセのリーダーシップ論でした。いきさつを超えた「聖なる約束」が果たされるのだと感じます。

船井　時代の終わりと始まりの挟間にあるいま、とても大切なメッセージのように感じますね。

赤塚　そう考えると、黙示録というのは聖書の最後ですね。内容はもちろん、それゆえ終末論につながるというところもあるのかもしれません。もしも勝仁さんのおっしゃるとおり、時間がらせん状に渦のようにつながっているのだとしたら、黙示録の先には聖書の最初、創世記の世界が待っていることになります。

そして、なんとその創世記を記したのはモーセと言われているのです。

船井　『聖なる約束』の出版記念講演会や、赤塚さんと魂の兄弟出路雅明さん、そして私とで結成したＡＫＤライブを開催した京都ＫＢＳホールの美しいステンドグラスのモチーフが創世記だったことも、印象深く思い出されますね。

モーセはユダヤ教、キリスト教、イスラム教、すべての原点ともいえる人物です。ネボ山でのモーセの最晩年の魂との出逢いは重要なポイントとなるように感じます。

赤塚　僕は自分の足の裏で感じたことしか分からないので、まず自分の足跡をしっかりたどり、そして創世記を紐解くところから、僕なりの黙示録を始めたいと思います。

船井　どのような真実が示されるのか、とても楽しみです。

前例がないことへの挑戦

昨年の秋、船井勝仁さんとトルコを訪ねました。

「新約聖書「エペソ人への手紙」の現場に行くのだ」と、パウロの声が聞こえたような気がしたのです。

偉大なる使徒パウロ。２０００年前、ユダヤ教の新興宗教のひとつ「ユダヤ教イエス派」として消えていったかも知れないキリストの教えを、世界宗教にまで広めたのはこの人です。

彼がいなければ、キリストの福音がユダヤ人以外の「異邦人」に伝わることはなかったでしょう。なぜなら、イエスをはじめ12弟子は誰も外国語が話せなかったからです。彼らはヘブライ語の中でも、ガリラヤ地方の方言、アラム語で話すような田舎者の集まりでした。

一方のパウロはユダヤ人でありながらローマの市民権を持ち、ヘブライ語、ギリシャ語、ラテン語を自在に操り、パリサイ派の律法学者の頂点に上り詰めようとする超エリートだったのです。

聖書もキリストも無縁だった私に、「福音」を届けてくれたのもパウロでした。

「私はパウロだ。
私がお前を呼んだ。
お前はこれから私のようにキリストを伝える……」

今から15年前の2002年秋、シリアのダマスカスのホテルの一室でその声を聞いた私は、ベッドに倒れ込んで号泣し、いくら泣いても涙が止まらないという霊的体験をしました。悲しいわけではない、嬉しいのでもない、表現できない感覚に包まれたひとときでした。それが聖霊体験であったということを知るのは、後になってからのことなのですが……。

１９９９年2月21日、わが師糸川英夫博士が天に帰ってゆきました。人生の師を失い、心に大きな穴があいてしまった私は途方に暮れました。

いま思えば、私は師に依存していたのでしょう。そして、依存が生み出すのは「恐怖」だけであることを知らされました。

糸川英夫の人生のテーマは「前例がないからやってみよう」でした。私は糸川亡き後、師の教えを実践しようと、本業の建設業において「定期借地権」の事業化という、前例がないことに挑戦しました。

土地を借りて家を建てるというコンセプトは、都市部では広がりを見せていたものの地方ではまったくと言っていいほど知られていませんでした。

土地を買わずに家を建てる。50年の借地で、良い家を建てて住む。大事なことは土地を所有することではなく、良い家に住むことなのですから。

実は、私が定期借地権事業に取組み、50年間土地を借りて家を建てるという考え方を広めようと思ったのには、もう一つの大きな理由がありました。

旧約聖書「レビ記25章」にこんな一節があるのです。

主はシナイ山で、モーセに言われた、
イスラエルの人々に言いなさい、
わたしが与える地に、あなたがたがはいったときは、
その地にも、主に向かって安息を守らせなければならない。
あなたは安息の年を7たび、すなわち、7年を7回数えなければならない。
安息の年7たびの年数は49年である。
7月の10日にあなたはラッパの音を響き渡らせなければならない。
すなわち、贖罪の日にあなたがたは全国にラッパを響き渡らせなければならない。
その50年目を聖別して、国中のすべての住民に自由をふれ示さなければならない。
この年はあなたがたにはヨベルの年であって、
あなたがたは、おのおのその所有の地に帰り、

おのおのその家族に帰らなければならない。
その50年目はあなたがたにはヨベルの年である。
種をまいてはならない。また自然に生えたものは刈り取ってはならない。
手入れをしないで結んだぶどうの実は摘んではならない。
この年はヨベルの年であって、あなたがたに聖であるからである。
あなたがたは畑に自然にできた物を食べなければならない。
このヨベルの年には、おのおのその所有の地に帰らなければならない。

驚きました。確かに土地は、神が人に与えるものです。人類がこの世に誕生する前から土地はあったのですから、人が土地を所有するなどというのは幻想にすぎません。

その土地を49年使用させてもらい、50年目にそこから出てゆく。レビ記という、旧約聖書の中でとても大切な書に定期借地権のことが書かれている。これこそ、天が願っている仕事だ！と直感しました。

糸川英夫博士と初めて出会わせていただいたのは、私が29歳の時でした。糸川先生の自宅での勉強会のテキストは聖書で、その日のテーマは、「モーセに学ぶリーダーの引き際」。聖書が、宗教の経典ではなく人類の智慧の書であるということが、私の胸に刻まれたのもその日のことでした。

この時私は、糸川博士を人生の師と仰ぐことを決めました。「弟子は師を選べるけれど、師は弟子を選べない」。そう勝手に決めて、東京に通い詰めました。

糸川英夫と言えば、戦前は「隼《はやぶさ》戦闘機」の設計士として名を馳せたエンジニアであり、戦後、飛行機が作れなくなってからは、ロケット博士として知られる日本の宇宙開発の父です。米国ワシントンのスミソニアン博物館の宇宙開発のコーナーで、日本人の独創として唯一展示されているのが「HIDEO ITOKAWA・PencilRocket」なのですから。

音響工学で博士号をとった糸川英夫が聖書を説き、イスラエルと日本を結ぶことに人生を懸ける姿に惹かれていった私です。科学者の説く聖書が、私の渇いた魂に沁み込んでゆきました。

「日本はこのまま欧米のマネをし続ければ滅びる。
日本が手本にする国があるとすれば、それはイスラエルだ。
日本とイスラエルが手をつなぐ時、世界が平安に導かれてゆく」

科学者である糸川は、「神」という言葉を使うことを極力避けました。しかし、誰よりも見えない世界への畏怖の念を抱き、深い信仰の心を持った人でした。86歳の冬、信州の病院でひっそりと息を引き取った糸川英夫が最後に私に言った言葉は、

「自分で考えなさい」

その一言は、いまもなお心の中で響いています。

師との真実の対話は、死に別れてから始まったのかもしれません。糸川英夫から学んだ聖書の教え、とりわけモーセのリーダーシップに触れていなければ、定期借地権の事業化に取り組むことはなかったでしょう。「レビ記25章」のヨベルの年から、私の作る街には「ヨベルタウン」の名前をつけています。

キリストの霊との接触

地主さまから土地を預かり、そこに、世界標準の美しい街並みを作り上げる。そのことを心に描いて、来る日も来る日も多くの地主さまにお願いする毎日を送りました。3年がかりで、ようやく何名かの地主様にいくつかの土地を貸していただけました。

そして、いよいよそこにモデルハウスを建てて販売する運びとなり、銀行からお金を借り、二棟の美しい家を建てたのです。

ところが、これから販売しようという矢先、銀行が貸しはがしにやってきたのです。「一度返してください。あらためて資金を出しますから」。なんと、少し前に友人の会社が同じようなことを言われて、一度返済したら次の融資をストップされて倒産したのと全く同じパターンではありませんか。

いつも楽観的で、ほとんど泣き言等言ったことのない妻の寛子さんが「もうだめかも」と言いました。さすがの私も、寛子さんのその一言には参りました。

先祖の墓にお参りに行きました。御先祖様に手を合わせ、何とかしてくださいとお願いをしました。伏見稲荷はじめ御利益のありそうな神社に、苦しい時だけの神頼みをして回りました。もちろん他の金融機関にもあたってはみましたが、事態が改善される気配はありません。

そんなとき、ふと一人の人物の顔が脳裏に浮かびました。その当時、ヘブライ語を習いに行っていた「キリストの幕屋」の伝道者、高橋恒男先生です。特定の宗教には属さないことにしていた私は、信仰とは関係なく、ヘブライ語の勉強のために高橋先生のところに通っていたのです。

ところで、キリストの幕屋とは、熊本の手島郁郎という人物が終戦後ＧＨＱに追われて逃げた阿蘇山中で活けるキリストの霊と触れて始まった無教会の原始福音運動です。原始福音とは、イエスキリストが説いた原始キリスト教にかえろうという信仰で、教会も持たず、道端で、湖畔で、神の国を説いたイエスに直接繋がろうという祈りの集いです。

また、精神的荒廃が進む日本の姿を憂い、大和魂の振起《しんき》を願う日本的キリスト信仰と言ってもいいのかもしれません。


高橋恒男先生は、満州出身で北海道で牧師をしていたのですが、今のキリスト教には、聖書の中にあるような神の命がはたらかないから奇跡も癒しも起きないと嘆き、日本キリスト教団の議長になれるであろうエリートの道をすべて捨てて、手島郁郎氏の弟子となった伝道者です。

あの時、三重の幕屋に高橋先生が伝道者として派遣されていたことも、いきさつを超えた見えない大きな力の働きを思わされてなりません。キリストの信仰に命をかけ、人生をキリストの伝道に捧げていた高橋先生は、いつも静かに笑っている人でした。

ヘブライ語の勉強に通っているうちに、私はすっかり高橋先生が大好きになっていて、心が疲れた時など、聖書の話や伝道のエピソードを聞かせてもらっているうちに癒されていったものです。

だからそのとき、金策にも神頼みにも行き詰まった私は、高橋先生を訪ねようと思ったのでした。あの笑顔に会えば、少しは心も安らぐかもしれないと思って。

「君、どうしたんだ？浮かない顔をして」

「いいえ、実は先生、事業で困難なことになっていましてね。ちょっと先生と話せば気も晴れると思いまして」

ここしばらくの私の周りでの出来事を話しました。

「君、大丈夫だよ！」

「え……？」

先生がお金を貸してくれるのだろうか？

しかし、質素な先生の暮らしぶりから、ちょっとそれはあり得ない感じです。

高橋先生はきっぱりとこう言われました。

「神さまに不可能はないからね」

やっぱり、そちらの方向ですか……。

いささかがっかりして、帰ろうとしながら私はこう言いました。

「御先祖様にも、いろんな神さまにもお願いしましたが、なかなか思うようにはならないものですね」

宗教の人は結局そうやって見えない世界の方に向かい、この世的なことはよく分からないのだろう、そんなふうに思いました。ところが、そのとき、何か高橋先生に溢れるエネルギーのようなものが私に流れ込み、思わず「では、先生どうしたらいいのですか？」と聞いてしまっていたのです。


「神さまに祈ればいいんだよ」

笑顔で答える高橋先生。

「それでは先生、ぜひ祈ってください」

「君が祈るんだ」

「先生、どうやって祈ったらいいのかわかりません」

「『神さま助けてください』って一言、言えばいいんだよ」。

小さな家の茶の間で手を合わせ、生まれて初めて私は祈りました。お金を恵んでくださいとか、仕事をどうにかしてくださいとか、そんな気持ちは消えて、神さま、あなたのいいふうに導いてくださいという思いが湧かされ、「神さま助けてください」と声に出しました。

するとその瞬間です。
お腹の底の方から熱いカタマリが湧きあがって、涙が吹きだしました。
まさに涙がヒュッっと吹きだしたという感じでした。

それと同時に「待つこと久し」と声が聞こえたのです。

高橋先生が声をかけてくださったように思ったのですが、後に先生は自分じゃないよと言われました。キリストの霊と接触した瞬間だったのでしょう。
傲慢で自己中心の私が、本心に立ち返った瞬間でした。何も特別なことが起きたわけではありません。でも、間違いなく何かが変わったのでしょう。魂が平安になっていました。私は高橋先生に感謝を告げて、再び日常に戻っていきました。

それから二週間ほど経った年の暮れ、会社に一本の電話がありました。モデルハウスが見たいという問い合わせでした。年末の夜に家を見学したいなんて、いったいどんな人でしょうか。夜八時、私はその御夫婦を現地でお迎えしました。

私は、日本の家を世界標準にしたいのです。そして、土地を借りて建てるから、こんなに素敵な住空間が手に入るのですよと10分ほど説明をしたでしょうか。

「この家は好きですか?」と聞くと「好きです」と言われる。

「住んでみたいですか?」と聞いたら「住みたい」と。

「では、買われますか?」「はい、買います」

私は、長い営業人生の中で初めて、3千500百万円の商品を初対面の人から10分で買うという人に出会いました。しかも、借地という新しい価値観にもかかわらず、年末に……。

奇跡です。

申込書にサインしてもらいながら目の前で起きている出来事に驚いていると、その隣で奥様は、「私、この家に住めるのね」と涙を流しておられる。サインしている御主人は、「僕は県の職員だから転勤がつきものだし、いずれ生まれ故郷に住むつもりだったから家は持たないと思っていたのだけどなあ」とつぶやいておられる。とにかく、年内に返さなければならないお金が突然恵まれたわけです。お二人と別れ、高橋先生に電話をかけました。「先生、家が売れました」。すぐにおいでと言われて、高橋先生のところにゆくと、そこには大勢の人が集まり楽しそうに語っていました。

その日はクリスマスだったのです。

「神さまの祝福が始まったら、君が思っている以上に恵まれるよ。素晴らしいクリスマスプレゼントじゃないか」

この兄弟に祝福をありがとうございます、と今度は高橋先生が私のために祈ってくださいました。

その数日後、駅前で計画していたマンション計画の資金調達の目途がつきました。オーナーが60年もの間取引をしていたメインバンクが渋っていた融資を、私がふと飛び込んで相談した銀行の支店長が出してくれるというではありませんか。それもメインバンクが提示していた2倍以上の融資額です。

奇跡です。

もはや、あの小さな祈りが届いたことを信じざるを得ません。何かが私の人生に起こっていることを、疑う余地はもうどこにもありませんでした。

神の祝福は、まず一番わかりやすいことから始まるようです。経済のことであったり、病が癒されたり。そしてその後、魂への深い接触があるのだと知らされました。

衝撃的なパウロとの出逢い

さて、心労が続いていた私は、その年の大晦日に倒れて、とうとう立てなくなってしまいました。軽いぎっくり腰だろうから数日休めば大丈夫だと思っていたのですが、寝返りもうてず寝たきりの状態で正月を過ごし、結局一カ月もの間立ち上がることができませんでした。

ところで、その前の年の夏のことです。

親戚のようなお付き合いをさせていただいていた横浜の木工会社の社長の奥様が亡くなりました。その葬儀の席で、イエローハットの創業者であり、掃除で世界に知られている鍵山秀三郎さんと久しぶりにお会いしたのです。鍵山さんを以前イスラエルにお連れしたこともあり、再会を嬉しく思いました。

すると、鍵山さんから「赤塚さん、またイスラエルに行きたいですね。ただ、この次はイスラエルの周りの国に行って外からイスラエルを見たいのです」と言われました。それはいいですねと、社交辞令のように受け止めた私は答えました。

翌日鍵山さんから携帯に電話が入りました。

「赤塚さん、来年の2月11日から10日間空けましたから中東に行きましょう。行き先はお任せします」

びっくりしました。本気で言っておられたのです。それで、ヨルダンとシリアに行くことにして飛行機とホテルの手配をしたのですが、会社の危機的状況の中とても旅行どころではないと放りっぱなしにしてあったところに、寝たきりになってしまった私です。

何人かの参加者を募ってはいましたが、出発2週間前にして立ち上がれない私は、ベッドの中から鍵山さんに電話をかけました。

体調が悪いと言えばよかったのですが、心配をかけてはいけないと思ってこんなふうに話したのです。「鍵山さん、イラク戦争が始まりそうですし、とても危険な状況のようです。参加者も集まりませんから今回は見送り、改めて計画しましょう」

するると、電話の向こうで鍵山さんはきっぱりとこう言われました。

「赤塚さん、たとえ二人だけでも参りましょう」

何てことだ……。

立ち上がれるようになったのは、出発の5日前のことです。万が一旅先で倒れたら大変なことになります。私は、腰痛用のベルトを締め、鍵山さんと数名の仲間とともに、関空からヨルダン・シリアへ向かって飛びました。

本当にイラク戦争が近いという状況の中でしたから、飛行機はガラガラでした。エコノミーの席のひじ掛けを上げて、みんな横になって眠ることができたほどです。どこに行っても観光客もほとんどなく、実に静かで不思議な旅でした。

そして、シリアはダマスカスにやってきて、アナニアの教会でガイドからパウロという人物のことを聞かされたのでした。イエスが殺された後、弟子たちを迫害していたユダヤ教原理主義者パリサイ派のエリートであるパウロが、イエスとの霊的な出逢いを果たし、奇跡を経て偉大な伝道者へと生まれ変わる「パウロの回心」という物語です。

糸川英夫博士から旧約聖書の智慧を学ばせていただきましたが、新約聖書やキリスト・イエスのこと、ましてやパウロのことなどまったく知らなかった私にとって、ダマスコ途上でのパウロの回心という出来事は大きな驚きでもありました。それからの私は、なぜかパウロのことが心から離れなくなってしまっていました。

イエスが説いた福音も、パウロがいなければユダヤ教イエス派といった、ガリラヤ地方の新興宗教として小さな教えで終わってしまっていたかもしれないのです。パウロが異邦人にキリストを伝道し、ローマに伝えたからこそ、キリストの教えは世界宗教になったのです。

まさにパウロこそが、史上最大のセースルマンです。

彼についてもっと知りたい……。そう強く願わされて、私は高橋先生に弟子入りし、聖書を学ぶことにしました。すると、高橋先生がキリストの幕屋でもパウロ研究では第一人者であり、パウロの如く生きてこられた方だと知らされたのです。

私にとってイエス・キリストはまだ遠い存在でしたが、イエスを気が狂ったように伝えたパウロのことはだんだん身近に感じられるようになっていきました。

そんな旅が終わって一月ほどたったある日、鍵山さんからまた電話がありました。

「赤塚さん、半年後にもう一度シリアに行きましょう。赤塚さんが10人、私が10人集めて」

超多忙を極める掃除の神さまが、一年に二度も中東を訪ねようと言われるなんてと、驚きました。

鍵山さんは一代で東証一部上場企業であるイエローハットを創り育てた経営者です。そばで直に学ばせていただけることはあまりに大きいのです。バスの移動中の何気ない会話でさえ、経営に、人生に実に深い気づきを与えていただける大いなる恵みだと感謝です。

私たちは再びシリアを目指しました。そして、ダマスカスのホテルに着いたその夜のことです。一人でホテルのベッドの上でパウロが書いた「ガラテヤ人への手紙」を読み、聖書を傍らに置いてふと思いました。

どうして、私はこんなところにいるのだろう……。

その瞬間です。

「私が呼んだ」

声がしました。

誰もいないはずの、ホテルの一室で。

驚いた私は、「誰ですか」と尋ねました。

「パウロだ」

これらは耳に聞こえる音の会話ではありません。

胸の中で、包みが開かれるようにして言葉が現れたのです。

「お前はこれから私のようにキリストを伝えるのだ」

「無理です。私は聖書も読んでいないし、教会にも行ったことがない。何も知らないのです」

「そのままのお前を使う。そのまま出てゆくのだ。どこに行くときも、いつも私が伴うから」

声はここで途切れました。

次の瞬間、私はベッドに突っ伏して号泣していました。

悲しいから泣いているわけではありません。

嬉しいのでもなかったのです。

理由のない切なさと、懐かしさに涙が止まらないのです。

初めての体験でした。

帰国後、私の本格的な聖書の学びが始まりました。もはや聖書は遠くの宗教の書物ではなく、私の人生の一部となってゆきました。聖書が私に語りかけてくるのです。

聖書とは、神の霊に満たされて、霊感し、書かされた人々からのメッセージです。こちら側から読んでいるときにはただの物語にしか思えなかったものが、神によって書かされている者の側から見ると言葉を超えて想いが届いてきます。

糸川英夫博士によって旧約聖書に触れ、聖地イスラエルに導かれたことも、一切が必然であったのでしょうか。

事業が危機的状況に追い込まれ、傲慢だった自己が打ち砕かれ、私の心の鉄の扉が開かれる必要があったのだと思わされました。奇跡が次々と起こり、もはやキリストを信じざるを得ない状況に迫られた私ですが、それでもキリスト教に入信することはありませんでした。

教会に行くこともなかったのです。

それは、私がキリストを信じるというよりも、神さまが私を信じていてくださったのだということを知った喜びが、宗教の枠におさまりそうにないと感じたからだと言ってよいかもしれません。

これが私の信仰の根本です。

人が作った特定の宗教の教義や戒律を大事にするのではなく、我々をこの世に送り出してくださった命の源である創造主に向き直ること。

その天なる御親に立ち返ること。

神さまとのお約束を思い出すこと。

そして、今回の人生は日本人として生まれることを願い、承認されたのでこの世にいるのだということを私は思い出してゆきました。

イエスもパウロも強烈な愛国者でした。

糸川英夫も真の愛国者でした。

自分を愛せないものが他者を愛せないように、
祖国を愛せない者が、世界を愛することなどできないと知らされました。
そのためには、祖国の歴史を取り戻すことが何よりも大切なのです。

人類史上最強のセールスマン、パウロの取り扱ったものは目に見えない「福音」です。その福音を伝えるにあたって重要な場所であるエペソに来るようにと、パウロから呼ばれた気が私にはしたのです。

「黙示録」を書こう

船井勝仁さんとイスタンブールで合流し、イズミールへと飛び、エペソに着きました。

たしかにパウロの気配がここそこにある街、それがエペソでした。エペソを歩いていると、ふっとパウロが、「エペソ人への手紙を書いたのは私ではない」と言うのが聞こえたような気がしました。

弟子たちが、パウロのように書いて、パウロの名前で残したもののようです。あるいは一部、パウロ本人の手紙を使い、弟子たちが仕上げたのでしょうか。

いずれにせよ、「ローマ人への手紙」「ガラテヤ人への手紙」「コリント人への第１の手紙」「コリント人への第２の手紙」そして「ヘブル人への手紙」に流れる熱と、「エペソ人への手紙」「ピリピ人への手紙」などは少し違うように感じていましたから、パウロからのメッセージに納得した私です。

やはりエペソには呼ばれてきたのだと思わされたのは、私も勝仁さんも同じ感覚だったようで、不思議と口数が少なくなり、内なる呼びかけに心の耳を澄ますようにしてエペソの遺跡を歩きました。

歩くにつれ、エペソが大きな町だったことがわかりました。次第に、エペソが繁栄していた時代へとタイムスリップしてゆく感覚が生まれ、聖書が書かれたときへと連れていかれます。

エペソの街のはずれに、初期のクリスチャンたちが暮らしていた小さな集落がありました。ここで私は、パウロから思いもよらない人物を紹介されることになるのです。

小さな石造りの家。

そこは、イエスの母、マリアが終の住処とした家でした。

その家で、マリアとともに暮らしていたのが、イエスの最愛の弟子ヨハネでした。パウロから紹介されたのは、ヨハネです。
ヨハネこそ、12弟子の中で最も長く生き、90歳近い高齢になって、霊的次元から福音書を書き、聖書の最後、黙示録を記したイエス最愛の弟子です。

彼がエペソにいた。
マリアと暮らして、エペソに死んだ。

家の裏には、ヨハネの墓がありました。私は、ヨハネの墓に手を置き、ヨハネの想いに意識を合わせました。パウロが私に会わせたかったのは、ヨハネであったことがわかりました。パウロはヨハネと、とても仲がよかったようです。そこからは、ヨハネが直接私に語りかけてくるようになりました。

そしてそのとき、勝仁さんと私は、どちらからともなく「黙示録を書こう」と言いだしたのでした。

聖書がいつ書かれたもので、誰が書いたのか私は知りません。私は聖書の解釈本や解説など読んだこともないし、読む気もないからです。私には、そんなことは興味も関心もないことです。歴史的背景よりも、霊的背景に心寄せてゆく書物、それが私にとっての聖書です。

「聖書は聖書で読む」

これが私と聖書との約束なのです。聖書を解説した本で聖書を理解しようとすると、聖書でもなく、聖書でないものでもない、わけのわからないものになってしまう、というのが私の直感です。だから、聖書は聖書で読まなければならないのです。解釈しようとせず、聖書が語りかけてくる静かな呼びかけに魂を澄ますのです。

聖書とは、神の霊の結晶だと思えます。目に見えない神の霊を受け取ったユダヤの始祖たちが霊に満たされ、書かされた秘密の書です。書かれたものをみるのではなく、書かされた者が、どんな霊的な状態にあったのか、聖書の向こう側に魂を飛ばして、霊的なシンクロをするとき、聖書が語りかけてくる世界があることを知りました。

見える世界に現れた文字や、言葉を解釈するとき、霊は失われ、「知」があらわれます。「知らないことも知らない世界」が、「知らないということを知っている世界」に変わり、それを「知っていることを知っている世界」に変えようとするのが「知」の働きなのでしょう。

私の敬愛する理屈王、船井勝仁という友と船出する聖書の黙示録の世界。各々のアプローチから「本当のこと」に近づきたいと願います。

旧約聖書４０００年、新約聖書２０００年、今もなお万国で読み継がれている奇跡の書。聖書は、私たち日本人には遠い世界の物語のように思えるかもしれませんが、世界で最も聖書の真髄に深くアクセスすることができるのが日本人であることを知ってほしいのです。なぜなら、ユダヤ民族と大和民族はまさに双子の兄弟だと言って良いほど霊脈がつながっているからです。

イスラエルが生んだ聖書をやまとこころで解き明かすとき、日本が世界の灯明台となる秘密がそこにあるように思えます。まさに、それこそ天が今、待ち望んでいることなのかもしれません。

「キリスト教」という矛盾

今から2000年前、ヨシュア・ベン・ヨセフという、ガリラヤ地方で生まれ育った一人の青年が、30歳からわずか3年間、人の中に出てゆき「本当のこと」を叫びました。

それは、「人は死なない」という真理です。

私たちは始まりなき始めから、終わりなき終わりまで生き通す、魂の世界からやってきて、肉体という船に乗って、この世という限りある世界を歩く旅人なのだと彼は説きました。

私たちは造られた存在であり、私たちを造った方がおられる世界がある。

その世界にいつもつながっていなければならないし、その世界に繫がらずに生きてはいけないのだと彼は教えました。それは決して理屈や言葉ではたどりつけない、光の国です。

解釈や理屈で神の国を見えなくしていった宗教家たちを、彼は厳しく責めました。宗教とは、「宇宙を示す教え」のはずなのに、人を責め裁き、枠にはめて苦しみを生みだすものにしてしまった。ヨシュアは、そのことに激しく憤りました。「神は人が造った宮にはお住みにならない」と、栄光栄華を誇ったエルサレムの神殿で叫びました。そのうえ、神殿が破壊されても３日で建て直してみせると言ったのです。彼は憎まれ、33歳の若さで宗教家たちによって殺されたのです。

しかし、驚くべきことに彼は３日後に墓から復活して蘇りました。彼が建て直した宮、すなわち人の肉体こそが「神が宿る宮」であると示して見せたのです。やがて弟子たちのところへあらわれ、もう一度、皆が見ている前で空に上げられていったと聖書は記しています。

彼が処女から生まれたということや、死んで蘇ったということや、様々な奇跡が、事実であったかどうかはあえてここでは取り上げずにいようと思います。聖書にあることが事実であるかどうかということより、そこに伝えられる真実に私たちは近づかなければならないのです。

彼を「キリスト（救い主）」であるとして、宗教にしたものがキリスト教ですが、ヨシュアはギリシャ語も話せませんでしたから、自分のことが「イエス」「キリスト」と呼ばれるなどと考えたこともなかったに違いありません。

ヨシュアは、ユダヤの律法を何よりも大切にした祖国イスラエルの真の愛国者でした。ユダヤの律法の根本は、エジプトで奴隷となっていたユダヤの民を、40年かけて約束の地へと導いた史上最強のリーダーであるモーセに神が与えた十戒です。

ヨシュアが、もしもキリスト教の教会に行き、その中に入ったら驚くでしょうね。十字架に磔になったままの自分が、十戒で固く禁じられた偶像になっているのですから。

「自分を愛するように、あなたの隣人を愛せよ」と説いたヨシュアは、「右の頬を打たれたら、左の頬も出せ」と教えたほど、律法の「殺してはならない」という戒律を守ることの大切さを伝え続けました。

自分が礫になり、手を釘で打ち付けられているときでさえ、「この者たちを許してください、何をしているのかわからないのです」と神に執りなしてくれるような人だったのです。

そんなヨシュアの教えをもとに生まれたキリスト教という世界宗教が、人類史上最大の殺人を犯しています。

ヨシュアを死刑にしてから３００年ほど経って、キリスト教はローマの国教となりました。すべての道はローマに通ず。キリスト教は世界宗教へと発展してゆくのですが、世界は平和になるどころか、キリスト教がいく先々で宗教戦争が勃発します。

ローマカトリック教会は、有色人種は動物以下だとの見解を示し、白人たちは容赦なく植民地支配をし、奴隷狩りをしたのでした。

ペルーのインカ帝国に攻めこんだスペイン軍は、武器や連れて行った犬でインカの人々を殺しました。キリスト教会は、原住民は動物以下だからためらわずに殺して良いとのお墨付きをあたえています。スペイン人が持ち込んだ、梅毒やウィルスでインカの人々は死んでゆきます。

インカの王は、国中の金銀財宝を集め、これを渡すから人々の命を救ってもらいたいと懇願しますが、王に対しても、キリスト教に改宗しなければ両足を2頭の馬に縛り付け体を真っ二つに裂く、というのです。だが、キリスト教に改宗すれば、火あぶりにして殺してやる、と。結局インカ帝国の王は、火あぶりにされて死にました。

大東亜戦争において、キリスト教国である米国は、原始爆弾という途方もない非人道的な殺人兵器で無差別に無辜の民を20万人以上も虐殺しました。

歴史の中で、キリストの名においてなされた殺人は枚挙にいとまがありません。平和のための宗教戦争こそ、人類最大の矛盾と言えましょうか。

ところが、その宗教戦争を起こしたことのない国が世界史上に存在するのです。

それが東の島国、日本です。

聖書の始まりと私たちの本質

はじめに神は天と地とを創造された。
地は形なく、むなしく、やみが淵のおもてにあり、
神の霊が水のおもてをおおっていた。
神は「光あれ」と言われた。すると光があった。
神はその光を見て、良しとされた。
神はその光とやみとを分けられた。
神は光を昼と名づけ、やみを夜と名づけられた。

夕となり、また朝となった。第一日である。

こうして旧約聖書の創世記が始まり、そして、この天地創造の最後に、いよいよ人間が登場します。

主なる神は土のちりで人を造り、命の息をその鼻に吹きいれられた。
そこで人は生きた者となった。
主なる神は東の方、エデンに一つの園を設けて、
その造った人をそこに置かれた。
また主なる神は、見て美しく、食べるに良いすべての木を土からはえさせ、
更に園の中央に命の木と、善悪を知る木とをはえさせられた。

（創世記　第2章−7）

神は自分のかたちに人を創造された。
すなわち、神のかたちに創造し、男と女とに創造された。

（創世記　第1章−27）

「自分のかたち」とは、いったいどういうことでしょう。人間のかたちと同じかたちを神さまがしていると考えてしまう表現ではあります。そこで、いつのまにか、神さまは二本足で歩く人間のような姿をしていると思われるようになりました。

また、神さまも男と女に分かれているのでしょうか。唯一絶対の神が、二人いるというのもおかしなことですから、性別などないようにも思えます。古事記のイザナギとイザナミの両神も男と女で、二本足で立っておられる絵が見られますが、そもそも神話の神々が人間の姿をしている必要があるのでしょうか。

それはさておき、「神は自分のかたちに人を創造された」とは、どういうことでしょう。

私たちの神道では、私たちは「分け御霊《みたま》」と呼ばれている霊を神さまから分けていただいていると教えます。神とは、愛そのものの存在、光であり、私たち人という存在はその同じものを、分けていただいているのです。それを聖書では「神のかたち」と書いているように思えます。

肉体には期限がありますが、御霊は永遠の生命の光。聖書は、字面でなく霊で読んでゆくとき見えてくるものがあります。

「みたま」が私たちの本質であると、聖書は書いているのでしょう。

大いなる命の大元、始まりなき始まりから、終わりなき終わりへと貫く御霊。それと同じ命をいただいている私たちは、「神のかたち」と言って良いのかもしれません。

「土のちりで人を造り」とありますが、まさに、私たちの肉体はこの地球上の物質が組み合わされて造られています。私たちは、星のかけらで出来ているわけですね。肉体という舟に、みたまを積み込み、人生の川を下って行く旅が始まったわけです。

「命の息をその鼻に吹きいれられた」。この部分は、原文のヘブライ語を日本語にした訳者の霊性が弱いと言わざるを得ないでしょう。こんなふうにして、聖書を書いた人に注ぎ込まれた神の息吹が薄まってゆくのは、本当にもったいないことだと感じます。

「命の息」というところは、ヘブライ語では「ルアッハ」と書かれています。これは「息」という意味に間違いはないのですが、ほかに「風」という意味もあります。誰も風を見た人はいないけれど、風はたしかに街を走ります。伊勢神宮の御幌《みとばり》がふわりと持ち上がると、アマテラスの臨在を感じたりもしますね。

そして、もう一つの意味が「霊」です。もちろん、この場合訳すべき言葉は「霊」でしょう。思い切って、「御霊《みたま》」と訳してもいいかもしれません。

やまとことばは、音に意味を持つ「音霊」の世界です。

「霊」と書いて「ひ」と読みます。この「ひ」が止「と」まっている存在を「ひ」「と」と呼ぶのです。人とは、御霊がとどまる土の器であるのだということなのです。肉体は、３次元現象界の物質でできていても、人の本質は、そこに吹き込まれた「御霊」であるという実に大事なところです。

まさに、やまとの先祖たちが伝えてくれた教えは、創世記と同じです。

「主なる神は土のちりで人を造り、命の息をその鼻に吹きいれられた。そこで人は生きた者となった」というところは、「大いなる命の根源のエネルギーである創造の主は、肉体という舟を地球上の物質を使って造り、そこに創造の主の分け御霊を注ぎ込んだのです。それで人間は神が宿る聖なる霊的な存在となりました」と、訳してもらいたいところです。

人間の本質は「御霊」なのです。

智慧の実を食べた人間

さて、その後「主なる神は東のかた、エデンに一つの園を設けて」そこから、世界を始めたと続きます。

東のかた……、これはもしかするとヤマトのことでしょうか。すべての始まりは、日本だと言っているのだとしたらすごい話ですね。もちろんすぐ後に、ユーフラテス川のことなどが書かれていますから、舞台としては中東なのですが、ヤマトと対比しながら読み解くと不思議と深く理解できるのです。

ところで、このエデンの園の中央には命の木と、善悪を知る木とがはえていたのですが、主なる神は人に命じて言われます。

あなたは園のどの木からでも心のままに取って食べてよろしい。

しかし、善悪を知る木からは取って食べてはならない。
それを取って食べると、きっと死ぬであろう。

何を取ってもいいけれど、善悪を知る木から取って食べると死ぬ?!

そんなあぶないもの、神さま、園の真ん中に植えたらダメでしょう！　と、突っ込みどころ満載の聖書です。そんなエデンの園で、

主なる神は人から取ったあばら骨でひとりの女を造り、
人のところへ連れてこられた。
そのとき、人は言った。
「これこそ、ついにわたしの骨の骨、わたしの肉の肉。
男から取ったものだから、これを女と名づけよう」
それで人はその父と母を離れて、妻と結び合い、一体となるのである。
人とその妻とは、ふたりとも裸であったが、恥ずかしいとは思わなかった。

ここもさっぱり訳が分かりませんね。土から人を造ったと思ったら、今度は男のあばら骨から女を造った？

神話は、事実である必要はないのです。そこにどんな思いが込められているのか、書いた人物がどんなビジョンを見せられたのかを感じてゆくことが何よりも肝心です。言葉に込められた真実の祈りを読み解くのです、心の扉を開いて。

まず、アダムは女が連れてこられたとき、「ついに」という言葉を発しています。待ちに待った、とうとうやってきた！という大変な喜びが伝わってきます。骨の骨、肉の肉……、要は「身内」ということですね。身の内には、骨も肉もある、まさに自分の一部だと言ってもいいほど大切な存在だということでしょう。

男と女は、二つで一つ。陰と陽、光と影、表と裏、強いと弱い、大きいと小さい……、この次元のすべてのものは二つで一つなのです。

男と女が結び合い、一体となり、そこから新しいものが創造される。古事記にある、イザナギとイザナミの物語が思い出されます。「吾が身の成り余れる処を汝が身の成り合わざる処に刺し塞ぎて国土を生みなさんと以為うは如何に」と美斗能麻具波《みとのまぐわ》比《い》（男女の性行為）を申し入れる場面です。

あなにやし！　え、をとこを

と、イザナミのほうから声をかけて交わった結果、どろどろのヒルコが生まれてしまいます。ふたりの神さまは、天に昇り創造主の神意を伺うと、女が男に声をかけたのがよくない、と告げられます。そこで、

あなにやし！　え、をとめを

と、イザナギが声をかけ、男が女を輝かせるとき、日本の国土が生まれ、善きものが生まれたというメッセージが伝えられています。神といえども完璧ではなく、創造主の御心に己の波長を合わせ成長してゆくところにヤマトの神話の色彩が感じられますね。

そして、創世記のアダムが、「これこそ、ついにわたしの骨の骨、わたしの肉の肉」と、叫んだのはまさに「あなにやし、え、をとめを」ではありませんか。

続く、「男から取ったものだから、これを女と名づけよう」は、日本語の聖書を読んでも意味が全くわかりません。

男はヘブライ語で「イーシュ」、女はヘブライ語で「イッシャー」です。「イーシュ」から「イッシャー」が生まれるというのは、日本でいう洒落のようなもの、語呂合わせでしょうか。

ところが、この二つの文字を合わせると、相手にあって自分にはない文字、女の場合は「ヨッド」で、男の場合は「ヘー」という文字です。男と女が一体となることで二つの文字が合わさって「ヤー」という文字が存在するようになります。

なんと「ヤー」とは「主」である神をあらわす言葉なのです。

そしてそこから、その「ヤー」が抜け落ちると、そこには「エーシュ」が残りま

す。「エーシュ」とは「火」です。「ヤー」である主が「男」と「女」との間に存在しなければ、

その関係はお互いを焼き尽くす火ともなりうることを物語っています。実に深い話ですね。

ふたりの間に神が降臨するような生き方を学ぶことを、神さまは願っておられるのです。夫婦という最も身近な関係性において、神を宿す生き方をすることが私たちのこの世の学びの第一歩なのかもしれません。相手を通して自分に出会い、二人が一つになって分離が終わり、神と出会う。

人生で、親を離れて夫婦になる。
夫婦は、親になる。
その子らはまた出会い、夫婦になる。

旧約聖書・創世記の最初の人間関係が夫婦であるということには重要な意味があります。世界平和を叫んだり、地球環境を語ることは誰にでもできます。しかし、良き

夫婦関係を育み続けることは、中国をいい国にするより難しいことです。

「ところで、人とその妻は、ふたりとも裸であったが、恥ずかしいとは思わなかった」のは、どうしてでしょう。

私は、これまでの人生で、水着を着たカエルも、長靴を履いた猫も見たことはありません。すべての動物は、生まれたままの姿です。服を着ていないから恥ずかしくて隠れる豚など、どこにもいません。自然そのものだから、「恥ずかしい」という感情など、どこにもないのです。彼らには「私」という「自我・エゴ」がありません。あるがままです。

しかし、彼らは「あるがまま」という状態を知ることもできません。

さて主なる神が造られた野の生き物のうちで、へびが最も狡猾であった。

へびは女に言った、

「園にあるどの木からも取って食べるなと、

ほんとうに神が言われたのですか」。

女はへびに言った、

「わたしたちは園の木の実を食べることは許されていますが、ただ園の中央にある木の実については、これを取って食べるな、これに触れるな、死んではいけないからと、神は言われました」。

へびは女に言った、

「あなたがたは決して死ぬことはないでしょう。それを食べると、あなたがたの目が開け、神のように善悪を知る者となることを、神は知っておられるのです」。


へびがイブをそそのかす場面ですが、神が食べると「死ぬ」と言ったものを、へびはイブに「食べても死なない」と言うのです。

聖書を貫く大きなテーマ「死」について、ここで取り上げられています。

神は絶対の存在です。
99．99％の確率は神ではありません。

１００％なのです、神の言うことは。
だから、神が「死ぬ」と言ったら絶対に死ぬのです。
それなのに、へびは「死なない」と言う。

神ＶＳへび？ へびというのはサタンのメタファーですから光に対する闇です。この場面において、神が言っている死と、へびが言っている死は別物なのです。つまり、私たちが日常で「死」と呼んでいるものは、「本当の死」ではないと聖書は伝えています。

このあとへびにそそのかされて、イブが食べ、アダムにも食べさせます。すると、
ふたりの目が開け、自分たちの裸であることがわかったので、
いちじくの葉をつづり合わせて、腰に巻いた。
「目が開け、自分たちの裸であることがわかった」、というのは、肉の世界に覚醒し

たということでしょう。「私」と「他者」との分離が生まれたのです。目が開け、神と分離しました。自我が発生して、「私」は神の中から出てしまいました。

ワンネスの世界にいるときは、裸であることも恥ずかしいことではありませんでしたが、「私」と他の違いが生まれたのです。

それが、苦しみの始まりでしょうか。なぜなら、苦しみのほとんどが「私について考えている」ことに尽きるからです。そして、知らぬ間に作り上げてゆく「私という錯覚」は、まわりとの差によって大きく膨らんでゆきます。

へびが言う「死」は肉体が滅ぶこと、聖書の神が言う「死」とは、神から離れることなのです。アダムとイブは、神の足音を聞いて身を隠します。

「あなたが裸であるのを、誰が知らせたのか。
食べるなと、命じておいた木から、あなたは取って食べたのか」。
人は答えた。

「わたしと一緒にしてくださったあの女が、
木から取ってくれたので、わたしは食べたのです」。

骨の骨、肉の肉、わたしの身内だ！ とあれほど喜びをもって迎えた女に対して、女が悪いのです。女が取ったのです。だから、私は食べたのですと、自己弁護します。これが、恐ろしい「自我・エゴ」の姿ですね。私だけが大事、自分を守るためならなんでもする。硬くて、セコくて、小さな「エゴ」の世界がついに生まれてしまいました。

それに対して、なんと女も、へびが私をだましたのだ、私は悪くない、悪いのはへびだと叫びます。神によって、へびはのろわれ、女は産みの苦しみを与えられたうえに、男に支配される。そして、男には

あなたは一生、苦しんで地から食物を取る。
……あなたは顔に汗してパンを食べ、ついに土に帰る、
あなたは土から取られたのだから。

あなたは、ちりだから、ちりに帰る。

それだから聖書の世界では、女にとって出産は神に背いた罰。男にとっては労働が神に背いた罰。ユダヤ、キリスト教の世界では、できるだけ早くリタイアして労働から解放されることを願います。労働は罰だからです。

ところで私たちヤマト人は、「労働」とは言いません。ましてや聖書に出てくる「労苦」という言葉も知りませんでした。「働く」とは、側《はた》の人を楽にさせてあげる喜びであると教えられてきたのです。

聖書を知ることでヤマトが見えてきます。魚に水が見えないように、ヤマト人にヤマトが見えないのなら、聖書からやまとこころを見出したいと願うのです。私たちは、神さまの外に出されたので、神さまの存在に気づける機会を与えられたのだと言って良いでしょうか。

エデンの園を追放された人間

エデンの園の中央に智慧の木とともにあったという命の木とは何か。そして、命の木のあるエデンの園に戻るために、私たちは一体どう歩めばいいのでしょう。

聖書の始まりがエデンの園、すなわち神からの追放であるなら、聖書のゴールは、もちろん神への帰還です。イエス・キリストが説いた神への帰還です。

イエスは、一切の罪を赦すためにきたと言っておられます。しかし、ひとつだけどうしてもいけないことがある、と言われましたそれは、「神に背を向けることだ」と。

ギリシャ語を原語とする新約聖書の中で「罪」とは「的はずれ」という意味です。人生の目的、それは、神を目指すこと。神のもとに帰ることが人間の「本心」であることだと聖書は教えます。

魚に水が見えないように、人には自分が見えません。私たちは、神の愛の海の中にいるのに、神が見えません。水の中にあって、水が見えない魚のようです。水の外に出た魚は、ついに水に気づくことができます。でも、無事に水の中に帰らなければ死んでしまいます。

神の外に出た人間にとって、神に気づき、神に帰ることが何よりも大切なことでしょう。神から離れていることを、聖書には「死んでいる」と書かれているのですから。私たちは、「本心」に立ち返って原点に回帰しなければならない時を迎えているように思えます。

このことを心に留めながら、いま少し旧約聖書を読み進めてみましょう。

神が食べてはいけないと言った、智慧の木の実を食べてしまったアダムとイブ。「目が開けて」知恵がつきました。

すべての生きるものの中で、唯一神に似せて創造された人間。神の霊を吹き込まれた人間が、神から離れてゆく様子が描かれています。創世記第3章は、こう締めくくられています。

主なる神は人とその妻のために皮の着物を造って、彼らに着せられた。
主なる神は言われた、
「見よ、人はわれわれのひとりのようになり、善悪を知る者となった。
彼は手を伸べ、命の木からも取って食べ、永久に生きるかも知れない」。
そこで主なる神は彼をエデンの園から追い出して、
人が造られたその土を耕せられた。
神は人を追い出し、エデンの園の東に、
ケルビムと、回る炎のつるぎとを置いて、命の木の道を守らせられた。

いちぢくの葉を繋ぎ合わせて身につけていたアダムとイブ。神は、エデンを追放するとき二人のために「皮の着物を造って」着せてくれました。もしも、神が怒り、許さないから追い出したのなら、いちぢくの葉っぱも取り上げ、裸一貫で追放したでしょう。

「皮の着物」です。動物を殺し、血を流して造ってくださったのです、約束を守らなかった人のために。
私は、ここに神の愛を感じ、胸が熱くなります。愛を持って追い出したということは、決して罰ではなく、人に対して大きな希望をもっておられたことが胸に迫ってなりません。

自我を持ったのは、神から離れるため
神から離れたのは、神を見るため。
神も、人に気づかれて初めて「存在」することができます。
認識する方、認識される方。
主と客が存在して初めて「在る」ことが可能になります。

さて、「ケルビムと、回る炎のつるぎとを置いて、命の木の道を守らせられた」とはどういうことでしょうか。ケルビムは、旧約聖書に何度も出てくる、そして黙示録にもそれと思われる存在が登場する正体不明の怪しい物体です。なんだか顔がいくつもあり羽が生えていて、触ると電気ショックで死んでしまう。また、回る炎のつるぎって……？

聖書、特に旧約聖書の創世記は神話です。神話とは、そこにある真実、そして祖先が子孫に命懸けで伝えようとした「本当のこと」が結晶となった祈りなのです。

私に伝わってきたユダヤの始祖たちの気持ちは、こんなふうでした。

「命は終わらないよ、永遠に続く命をあなたは生きているんだよ。でも、あなたが思っているあなたは、自分勝手に作り上げた自我でいっぱいの私という錯覚だ。神の世界、永遠の命の世界にアセンションするために、思考というアプローチではいけないよ。回る炎のつるぎのような、グルグル回るあなたの思考では命の秘密にはたどりつけない。思考を超えて、神の愛に帰ってきなさい」

聖書に書かれている最大の秘密

イエス・キリストは説きました。人は神に帰るのだと。

人と神との関係は、こんなふうだとイエスは弟子たちに語っています。ルカ伝15章にある放蕩息子の話がそうです。

ある金持ちに二人の息子がありました。真面目な兄と、遊び人の弟です。

弟は、父の財産の半分をもらい家を飛び出します。放蕩の限りを尽くし、身代を食いつぶし、やがてすべてを使い果たして、まわりから人もいなくなってしまいます。食うにも困り、豚の餌さえも食べることができないほど落ちぶれてしまいます。

死んでしまいそうな危機の中で、弟はついに「本心に返って」父の雇い人の一人にでもしてもらおうと帰ってくるのです。すると、まだ遠くにいるのに、父は帰ってくる息子を見つけ、父の方から駆け寄って息子を抱きしめ、口づけます。

息子は言います。「父よ、わたしは天に対しても、あなたにむかっても、罪を犯しました。もうあなたの息子と呼ばれる資格はありません」

しかし、父は僕《しもべ》たちに言います。「さあ、早く、最上の着物を出してきてこの子に着せ、指輪を手にはめ、履物を足に履かせなさい。また、ふとった子牛を連れてきなさい。食べて楽しもう。死んだと思っていた息子が生き返り、いなくなっていたのに見つかったのだから」

ここで「死んだと思っていた」とイエスは言っています。父、すなわち神から離れることを「死」というのです。

肉が滅びることは、誰でも生まれた瞬間から決められている約束です。有限の人生という時間の中で、肉体という乗り物に乗って、私たちは、御霊を磨く旅をさせていただいています。それが私たちの本来の目的であり、「本心」なのです。向かうべきところは、神、すなわち私たちの御霊の親である創造主のエネルギーです。

神に向き直り、神に向かって歩むとき、

神ご自身が近づいてくださるのだとイエスは教えます。

父を裏切って、父（神）に背を向けて、欲望の限りを尽くそうが、父は一方的ににに息子を愛し、悔い改めた息子を無条件で受け入れてくれます。裁きも罰しもされません。本心に返りさえすれば、神の愛の中に入れられます。神の方から駆け寄ってくださるのです。

私たちは信じようが、信じまいが、信じ愛してくれているのは父なる神さまの方です。信じる者が救われるのなら、信じない者は救われないことになります。

あるいは、ある特定の宗教に入っていれば救われるという人たちもあります。しかし、神は人が造った宮にはお住みにはなりませんし、そのような条件は神から出たものではないでしょう。

空気のように無条件
太陽の光のように一方的
降り積もる雪のように無差別

そして無制限

そんな神の愛の中に帰還するための、驚くべき秘密が書かれているのが聖書だと言っていいでしょうか。

聖書に学ぶやまとのこころ。

宗教を超え、一人ひとりが変容し、自分勝手に作り上げた「私」という錯覚から解放され、本来あるべき自分と出逢うことができたら、どんなに素晴らしいことでしょう。

そのことに気付いたということは、とりもなおさず、私たち一人ひとりがいままさに変革すべき時を迎えているということです。しかもその変革は、これまでの延長線上にあるものではなく、もっと本質的な部分が問われていると直感されているのでしょう。それを、「特異点」と呼ぶのでしょうか。

ただ、多くの場合、それが具体的に何を意味し、どのように変革を実現していけばいいのかは分からないものです。

変革すべき時期は、うまく事が進んでいるときに自覚されることは少なく、むしろ、何らかの行き詰まり、問題の発生、危機的状況の中に現れてくるようです。そうです、あの放蕩息子のように。

一見するとマイナスの出来事に見える事柄の中で、実は生まれ来る新しいいのちの胎動が始まっているのです。このサインを見過ごすことなく、その意味を正面から受け止めていこうとの勇気と覚悟があれば、そこから新しいエネルギーが立ち上がってくるのだと思えます。

私たちの中には、未だ生きられていないエネルギーがあります。いままで全く気付くことのなかった、無意識だった可能性、あるいは眠っている力とも言えるでしょう。

変わる力はどこからやってくるのか、外側から誰かにパワーを与えられるのではありません。内側に持っていた力が引き出されていくのです。いったい自分の中でどのようなことが起こっているのか。それを意識していくことで、エネルギーが変わり、自分自身が変わり、毎日が変わっていきます。

聖書に書かれている最大の秘密は、人が変容できるという証しであり、そのやりかたなのです。黙示録はその集大成とも言えるのかもしれません。では、なぜそれが神話となり、語り継がれているのかというと、変容し、創造のエネルギーと直結することが、人間にとって最高最大の喜びだからです。

そしてそれは、私たち一人ひとりが神から願われていることだと思うのです。

ヨハネが導くキリスト。
やまとこころで解く黙示録。

これまでの社会はイエスに罪を背負わせ続け、「私」という錯覚に捉われ自分のことばかりを追い求めてきました。このままでは神への帰還がなされぬまま、人類は滅びてしまうかもしれません。いまこそイエスを十字架から下ろし、天上界に君臨する光の存在としての真実のキリストと出会う時です。

そして、それを成すことができるのは、ヤマトの民だけです。
いよいよ日本が世界の灯明台となるときがやってきたのだと、
私には思えるのです。

第3章 エデンの園に還る

船井　第2章は、魂に沁み込んでくるようなすばらしい内容でしたね。創世記で人間がなぜエデンの園を追放されることになったのか。ヘビ（サタン）の言う死は物理的な死であり、神の言う死は神から離れること、人間は智慧の実を食べたことで神から離れることになり、それ以来エデンの園に還って神の下に還るために長い歴史を生きてきたのかもしれないと感じさせてくれるものでした。

赤塚　ありがとう、嬉しいですね。

船井　でも正直に言うと、黙示録の本なのに黙示録の話がほとんど出てこなかったので、ちょっと物足りないというか、不満を感じてしまいました。第４章では黙示録の話を書いてくださいね。

赤塚　え？　書いていますよ。ただ、勝仁さんが望んでいるのが14万4千とか６６６とか、そんな言葉じりの解釈ならば、それは最後までしませんよ。

僕は、聖書というのは、頭のいい宗教家などが必死になって解釈をしなくてはいけないような、そんな難しいものではないはずだと思うんです。子どもにも分かるように伝えられなかったら、2000年間も残ってきた意味がないですから。

聖書というのは、神の霊に満たされて霊感し、書かされた人々からのメッセージです。こちら側から読んで頭の中で考えているのでは何も分からない。神によって書かされている者の側から見ると言葉を超えて想いが届いてくるんです。

船井　つまり、赤塚さんはヨハネの想いを感じることから、黙示録へアプローチしていこうということですね。

赤塚　黙示録はヨハネが受け取った黙示、つまり神からのメッセージですからね。そういう意味では聖書は黙示のかたまりなのです。

別にこのヨハネが特別な預言者だったわけではなくて、アブラハムから始まってすべてその人たちの黙示と、その後の行動の物語なんです。ヨハネが黙示を記録したから「黙示録」となって、それが時系列で聖書の最後にきたという、ただそれだけのことです。

聖書には他にだってものすごくたくさんの数字が出てくるのに、黙示録だけなぜこんなふうに、14万４千とか６６６とか、そういうところにばかり焦点を当てるのか、なぜそんな変な話になるのか僕は不思議で仕方ありません。

船井　数字については、赤塚さんの友人の光田秀さんが教えてくださるエドガー・ケイシーのリーディングによる黙示録の読み解きは、人体の経絡や臓器などの仕組み、働きにまつわるものだということですよね。それが正解かどうか私には分からないですが、おそらくこの数字にも何らかの意味はあるんだろうと思います。

いまのところというか、少なくとも本書ではそこまで囚われる必要はないんだと思いますが、ヨハネが黙示録を書いた当時よりも格段に進化している、たとえば物理や数学などの世界から解明されてくる可能性もあるかもしれませんね。

赤塚　まあ、それは方向性を間違えないように気をつけながら、そこを解き明かしたい専門家に任せたらいいと思います。

黙示録に限らず、僕は聖書の向こう側にいって、書いているヨハネの意識に周波数を合わせて、本当は何を考えていたのか、何が言いたかったのか、それを自分の意識でキャッチするんです。

船井　実際にその現場に足を運ぶ、足の裏で読むというのは、その周波数が合わせやすいからですね。

赤塚　そのとおりです。

そうすると、黙示録からまず伝わってくるのは、すごく暖かくて優しくて懐かしい、自分の先生、イエスのことが大好きでたまらないという、その気持ちです。十字架ではなく、天上界に上がられた先生に出会ったときの喜びが流れてくる。先ほどもすこし言いましたが、ヨハネは12弟子のうち、たった一人最後の最後までイエスに付き従い、イエスから自らの死後、母マリアを託されるほど信頼され愛された弟子です。そんなヨハネがたった一人長生きして、それこそ霊界と行き来できるくらいに肉が弱ってから見えた世界を「先生、そうだったんですね。先生は33歳でこんな世界を見て、知っていらしたんですね」と驚愕しつつ記録したものが黙示録なのです。

船井　胸にグッとくるお話ですね。ぜひそこのところを、第4章でドンドン深めていってほしいです。

私はこの第3章で、ヨハネが黙示録で伝えたかったことの真意を赤塚さんの第2章から読み取りながら、それを受けて現実的な側面から、私たちの目指していく未来というか、変容について考えたときに見えてきたことを述べてみたいと思います。

未来のことをいろいろ考えていった時に、いちばん大きいのは人工知能（AI：Artificial Intelligence）の急速な発展だと思うんですね。ＡＩはいま、私たちが思っているよりも信じられないほど急速に発展してきていて、このままいくと早晩人間が仕事をしなくてもよくなるんです。

赤塚　それは僕では絶対辿りつかない、思いがけない方向性だなあ。

でも、たしかに何十年か前はコンピュータといえば、紙のテープが並んでいてカタカタ動いている感じだったのが、いまはそれ以上の機能がこの小さなスマホに詰まっているんですよね。そのスマホにしても、ほんの少し前には考えられなかったけれど、いまはないと困るほどの、頼りになる相棒くらいの存在になっています。

人間が仕事をしなくてもよくなるということは、コンピュータができる仕事が増えていくということですよね。

船井　いや、それどころかコンピュータができない仕事がなくなるんです。いままでは、作業、工場でやっているブルーカラーの方の替わりをロボットがしているという感じだったのですが、これからは知的労働もすべてコンピュータがやるようになっていきます。選択、判断をさせたら絶対人間よりも素早く正確にできますから、弁護士とか医者、会計士などは必要なくなるんですね。

赤塚　そうすると、どうなるんだろう。

船井　第1章にちょっと書いたことですが、聖書の世界では、労働というのはエデンの園から追放される時に神さまから課せられた義務というか苦しみなんですよね。そうすると、働かなくていいというのはそこから解放されることになるんだと思います。そして、それはすなわち、エデンの園への帰還ということにもなるでしょう。

でも、いまのような欲望による拡大を繰り返している状態で帰還しようとすると、それこそケルビムと燃える炎の剣によって滅亡させられてしまいかねません。私はそのところを、現実的なことも加味しながら掘り下げてみたいと思うんです。

赤塚　正直想像もつきませんが、地球は行動の星だから、現実的な示唆というのはとても大切だと思います。心して読んでゆきますね。

資本主義の限界

第1章で私が長々と時間に関する論議を書いたのには、実は理由があります。

少し復習すると、時間は

1. 反復的な時間（アミニズムの時間）
2. 円環的な時間（ヘレニズムの時間）
3. 線分的な時間（ヘブライズムの時間）
4. 直線的な時間（現代の機械的な時間）

という順序で進んできたということを述べました。

私は「ヨハネの黙示録」等の聖書に著わされている黙示文学は三番目の「線分的な時間」の封印をするために書かれたものではないかという意見を持っています。

3から4の直線的な時間に進むためには神を殺す必要がありました。私の解釈で言うと一神教の世界で抑えられていた性的なタブーである禁欲主義を捨て去ることで神から離れ、それによって時間が神によって与え賜わったものから、ただ単に機械的に動く人間がコントロールできるものに変化していったのです。

時間を機械的なものにすることで、人間は多くのものを獲得しました。

これは日本人が一番得意とするところですが、東京と大阪の間では新幹線のぞみ号が約10分間隔で運行されています。あれだけの高速鉄道をそんな頻度でほとんど遅れることなく運行できるのは、機械的な時間を使っているからです。

さらに驚異的なのは、山手線はラッシュ時には1分40秒毎に走っているという話も聞いたことがあります。東京のような大都会が大きな混乱もなくうまく運営されているのは、このように秒単位の正確さで大量輸送手段を運行できているからなのです。

また、直線的で機械的な時間を得たことで、お金の量が猛烈な勢いで増えました。3の線分的な時間で世界が動いていた頃は、経済の血液であるお金の量が少なかったために、豊かな暮らしを享受できたのはごく一部の人でしかありませんでした。豊かなのは僧侶、領主、騎士など、おそらく人口の割合でいけば1％にも満たない人だけで、あとの人たちは農奴として、いまの私たちの感覚で言えば家畜並みの環境で暮らしていたのです。

しかし、正確な時間を使いこなせるようになったことで、多くの人たちが平等に経済活動に関わることができるようになり、それにともなってお金の量をとてつもなく増やすことに成功したので、世界人口の最大20％ぐらいの人が豊かに暮らせるようになりました。

１９００年前後のバブルのピーク時には、日本人であればほとんどの人がこの20％の中に入っていました。ところが、最近は中国などの新興国の人が急速にお金持ちになって、いまでは中国人の富裕層の数が1億人は下らないという話なので、中国には日本の人口と同じぐらいのお金持ちがいるということになります。

その影響もあって日本人の中でもこの20％から落ちこぼれてしまう人が出てきているようで、このことが近年の日本における閉塞感の大きな原因のひとつとなっているのではないかと私は思っています。

世界全体で見れば、少しずつではありますが豊かな暮らしを享受できている人の割合は確実に増えているのだと思います。お金の量についても、最近の金融工学というテクノロジーのおかげで、また一段と伸びています。

金融の世界で動いているお金であるデリバティブの総額は、２００8年のリーマンショックの時点で、一説によると4～6京円あったそうです。世界のＧＤＰ（国内総生産）は7000兆円ほどですから、その7～8倍ぐらいの規模になっていたということになりますが、懲りない人間は、現在ではそれを12京円ぐらいにまで増やしてしまっているそうです。

しかし、さすがにここまで来ると、いまの資本主義の限界が見えてきてしまいました。ベストセラーになったトマ・ピケティ教授の『21世紀の資本』（みすず書房）ではありませんが、全体のパイが増えない中で、金持ちだけがますます金持ちになっていく格差社会になってしまったのです。こうなると、大半の人たちはだんだん貧しくなっていくばかりなので、この体制は早晩持たなくなってしまいます。

機械的な時間の進行が極まってきていく中で、私はこれからの社会の方向性は、原点へと回帰していく、つまり4の直線的な時間から3の線分的なヘブライズムの時間へと逆に舵をきっていくのではないかと思っています。

ただし、いまの4の時間で神を捨ててこの世の享楽を楽しんでいる精神性のまま、3の時間感覚に戻ると、そこに待っているのは破滅しかないのでないかという気がして仕方がありません。

ヘブライズムの時間に戻るためには準備が必要なのです。そして、準備せずに来たらダメだよということを、約２０００年前にいまの私たちのために知らせてくれていたのが「ヨハネの黙示録」の意味ではないかと、私には思えるのです。

時間感覚が戻っていく理由

格差が広がってしまって大半の人はこれ以上豊かになれないというのも、いまの資本主義が終わると私が予測する大きな理由ではあるのですが、実はもっと根本的な理由があります。それは、これ以上人間が欲望のままに自然環境を破壊し続けると、人類が生息していける環境が維持できなくなってしまうということです。私たちはいますぐにでも資本主義を卒業し、もっともっと欲しいという社会からの脱却を図らなければなりません。

いまの日本のような先進国には、モノが有り余るほどにあふれ、しばらくは何も生産しなくてもまったく困らないような状態になっています。しかし、経済学的にはもっともっと生産していかなくては社会が成り立たないので、全体としては飽和しているにもかかわらず、ドンドン作り続けてしまっているのです。

その極端な例が中国です。社会主義という体制もあって、一度進み始めたことはなかなか止められません。たとえば、中国における1年間の新車の販売数は約2000万台で、すでに世界一の市場規模を持っています。アメリカが1700万台、日本は500万台割れということを考えると、中国の数字がいかにすごいかは分かっていただけると思います。

でも、もっと唖然とするのは中国の生産可能台数が5000万台、つまり需要の2.5倍もの供給能力があるというのです。日本やアメリカなどのある程度市場経済が機能する国ならここまでのことにはなりませんが、中国は根本的には計画経済の社会主義国ですので、官僚が絵を描きさえすればこんな非常識なことが起こってしまうのです。そして、そうは言っても大なり小なり日本やアメリカでも同じことが起こっていて、その結果、いまのマーケットは完全に飽和状態にあるのです。

直線的な時間で金融テクノロジーをどんどん進化させていくと、いくらでもマネーを増やすことが可能です。でも、そんなことを続けていると、いつまでたっても持続可能な社会は実現できず、早晩人類は地球上から駆逐される運命にあるのです。

だから、私たちは必然的に時間の流れを戻していかなければならないのです。しかし、いまの状態まま、無理やり宗教的な感覚を私たちの暮らしに入れていくとどうなるでしょうか。いまでも少しその兆しは見えていますが、実行力の強いイスラム教やキリスト教の原理主義がまかり通る世の中がやってくるのは間違いありません。

さて、対談ですこし触れたとおり、私は第3章の主要なテーマは人工知能（AI：Artificial Intelligence）だと思っています。本書の結論は、人間が創世記のエデンの園の世界に戻れるのかどうかを検証することにあると思うのです。

ＡＩの進歩で近未来にはすべての人間は失業してしまう可能性があります。AIやロボットが人間の仕事をすべて奪ってしまうのです。ネガティブに考えるととんでもない事態ですが、この流れはもはや止められません。しかし、ポジティブに考えてみると人間は働く必要がなくなる、つまりエデンの園に還ることができるのです。

ある友人にＡＩの話をすると、それならば手塚治虫先生の「火の鳥」を読んでみるように勧められました。「火の鳥」の第3巻「未来編」の舞台は西暦３４０４年の地球です。環境破壊が進んだ地球は滅亡寸前で、もはや地上では生活できなくなっています。人々は地下にいくつかの巨大都市を作り、それぞれの都市はＡＩによって統治されています。そして、最後はＡＩ同士が戦争することを決めてしまい、人類は滅びの道をまっしぐらに進んでいくというストーリーでした。

「未来編」がコミック誌に連載されていたのは昭和42年から43年にかけて、つまり１９６７年から68年ということになるので、ほぼ50年前に描かれた作品だということになります。

読んでいて私が一番気になったのは、50年前の人たちは、いまよりもずっと気性が激しかったのではないかということです。登場人物はかなり激しい言動で衝突を繰り返しています。50年前の人たちはいまから考えると、かなり激しい考えを持って生きていかなければならない厳しい時代を生きていたのではないかと思ったのです。

では、50年後の私たちが「ゆとり」と呼ばれる余裕を持っていられる原因はどこにあるのでしょうか。簡単なことですが、この50年で日本は間違いなく豊かになったのです。

２０１４年の夏に、きずな出版の櫻井秀勲社長にご招待いただいて桜井社長の軽井沢の別荘でザ・チョジェ・リンポチェ師のお話をお伺いしたことがあります。リンポチェ師は１９６８年生まれの若いチベットの高層です。チベット仏教におけるリンポチェは、ダライラマに次ぐ位とのことで、日本でいうと大僧正という感じでしょうか。ザ・チョジェ・リンポチェ師にはきずな出版から『命と絆の法則　魂のつながりを求めて生きるということ』という名著があります。

この時ありがたいことに15分ほど、二人だけでお話しさせていただく機会がありました。私はふとこれからの日本の事が心配になって、「もうすぐ日本に経済危機が来て、私たちの暮らしが大変なことになると思います。私たちは一体どうすればいいと思われますか」という質問をしてみました。すると、リンポチェ師は何が問題なのかまったく分からないという感じで、「日本にどんな経済危機が来ても、チベットよりはるかに豊かな経済を保持していることは間違いありません。チベットと比べるのが納得できないのなら50年前の日本と比べても同じことです。どんなに酷い経済危機が来ても、50年前よりは悪くならないのですよ。だから、何も心配することはありません」とおっしゃったのです。

私は、本当にこのまま経済危機を迎えてしまったら、少なくとも50年前よりは酷いことになるという考えを持っていますが、実はそれでも大した問題ではないのはまったくその通りです。あらためて、何を心配しているのだろうという気持ちになりました。そして、50年前の「火の鳥」を読んでいて、確かに物質的にも精神的にも当時と比べて私たちは格段に豊かになっているということを実感したのです。

私たちは50年前よりも格段に豊かになっていることに感謝して、振り返ってみれば精神的な余裕が全然ちがうことをきちんと自覚し、そこに着目していかなければならないと思います。

しかしその一方で、中東のイスラム原理主義や、アメリカでは実はキリスト教の原理主義に共感するかなり人が多くなっているという話があります。赤塚さんはオウム真理教が全盛だった頃に麻原彰晃氏の話を聞いたことがあり、そこで麻原流の「ヨハネの黙示録」の解釈を聞いたそうで、それと同じようなことになってはならないから、本書ではなるべく触れたくないと言っていました。

1995年ごろの日本人の精神性では、どうしてもそういった新興宗教に惹かれてしまうところがあり、それがいまの世界ではもっと大規模に起こりつつあるというふうに考えれば、赤塚さんのその危機感は「当たらずとも遠からず」なのかもしれないと感じます。ただ、そのタブーにあえて触れるのが本書をいまのタイミングで二人で著すことになった本来の意味ではないかと私は思っているので、恐怖を煽ることにもなりかねない展開ですが、あえてそのように書かせていただいています。

20年前の日本人の精神レベルで3の線分的な時間に戻ると、世界はハッピーにはならないよ、そうなってはいけないよということを示唆してくれているのが「ヨハネの黙示録」の本質なのだというのが私の結論なのです。

封印を拓くために必要なこと

私は「ヨハネの黙示録」は西洋社会にかけられた封印なのではないかと思っています。それを恐怖の材料にするオウム真理教のような、あるいはイスラム原理主義のような読み方をしてはいけない、という戒めだと感じているのです。そんな読み方をしても、封印がかかっているために、その試みはうまくいかないようになっていると言ってもいいのかもしれません。

人間たちが自らの精神性を高めて、イエス・キリストがヨハネを通じて私たちに与えてくれた真理を読み解けるようになった時に、その封印は拓けるのではないでしょうか。

前述のとおり、私たちはいま、人間がこれ以上４の直線的な時間を使ってエゴによる欲望を追求し続けていくと、本当に地球環境が持たないところまできてしまっています。逆に言えば、そんないまを生きる私たちこそが、責任を持ってこれを拓く必要があるのだと私は思うのです。

そして同時に、それを拓くための鍵は私たち日本人が持っているのではないかとも感じています。

日本人は、地政学的な特性でいまの世界の社会を作っている西洋文明からある意味、うまく隔絶されています。物理的な良いところは取り入れていますが、精神的なところは八百万の神さまに抱かれているという神道の精神を保っていて、西洋文明を本質的に理解するために絶対に必要なキリスト教的な世界観を持ち合わせていないのです。

しかし、そのおかげで日本人には民主主義も資本主義も契約の概念も本当は理解できていないという西洋社会からの不満がいつもあって、それに何とか表面的に対処してきたというのが近代日本の歴史だと思います。ところが、ある意味ではありがたいことに経済的な面では、人口減少が世界中のどこよりも早く来たことが主な原因で取り残されるようになり、惰性的にではありますが徐々に日本の独自性が認められるようになってきました。

それだけではなく、最近ではネガティブな面になりますが、実は日本が一番進んでいて、西洋の先進国や最近台頭してきた中国のような新興国も、やがて日本のように何をやってもうまくいかない状態、日本化（ジャパナイズ）に陥っていくのではないかという悲観的な見方もされるようになってきました。

藻谷浩介氏のベストセラー『デフレの正体』（角川新書）ではありませんが、いまの不景気の原因は人口動態なのです。日本は団塊の世代が中心となって社会が動いてきたのですが、その層が後期高齢者になってきたことで、資本主義的な発展はもう望めない状態になっています。

しかし、移民国家であるアメリカや出生率が先進国の中では飛び抜けているフランスなどを例外に、間違いなくもうすぐほとんどの先進国で高齢化社会が始まっていくことは明らかです。さらに、世界全体をみても富の平準化が進んでいく中で、新興国も人口爆発が起こりづらくなってきており、やがて世界的に人類の数が減っていく局面がやってくるのは間違いありません。

お役所が作る統計的な予想は、プロジェクトを進めるために恣意的なものが入るので外れることが多いのですが、唯一、人口動態だけは予測通りに進んでいくという厳然たる事実があるのです。

世界の中で、どこよりも早く成熟化しつつある日本は、地球が新しい社会に変革していくための鍵を握っています。それは精神性を上げることによって、いままでのような経済発展に頼らない社会づくりを目指していくということです。

その第一歩が日本人の手で「ヨハネの黙示録」の封印を拓くことではないかというのが、私が本書を著わしている最も大きな動機なのです。本書とほぼ同時に執筆を進めている、はせくらみゆきさんとの共著『マネーは5次元の生き物です！』（ヒカルランド）で、私はマネーの使い方に封印を拓く鍵があるという仮説を述べています。それと同様に、赤塚さんに降りてくるイエスやパウロ、ヨハネのメッセージを間違いなく読者の皆さまが受け取り生き方を変えていくこともまた、その鍵となると強く感じているのです。

ヨハネによって2000年前に与えられたイエスからの宿題を私たちがきちんと解いたとき、私たちは愛にあふれ、世界中の人たちが幸せに生きていける社会を創り上げていくための一歩を踏み出せるのだと思います。

もちろん、もし人間が自ら宿題を解かなくても、神さまがそれを解いてくれますから、それはそれでいいのです。でも、その時に人類がどれほど悲惨で深刻な局面を迎えるのか、私には想像もつきません。多くの祖先の尽力によって、せっかくここまで進歩してきた人類文明を壊してしまうのではなく、活かしながら次のステージに向いたい。そのために一緒に鍵を探しませんか、というのが私から皆さまへのメッセージです。

そして、私たちがその封印を拓くとき、人類はエデンの園への帰還の途につけるのだと思うのです。

人類の近未来

それでは、封印が拓いた先にはどんな未来が待っているのでしょうか。

まず、経済的なことですが、実は理想的な経済運営に必要な方法はすでに分かっています。私がそのことに気づいたのは２００９年に安部芳裕さんと佐々木重人さんの共著『金融崩壊後の世界』（文芸社）を読んだときでした。同書はおそらく絶版になっていますが、最近の本では天野統康さんの『詐欺　経済学原論』（ヒカルランド）にも同じことが書かれていますので、こちらをお読みいただいてもいいと思います。

どちらも、安部芳裕さんが見出されたことを佐々木さんや天野さんが分かりやすく、引き出したりまとめたりしたものです。安部さんは山本太郎さんや三宅洋平さんの政策ブレーンをボランティアでやっていらっしゃる、赤塚さんとは相容れない政治思想を持っている方ですが、本質的な政治経済に対する洞察は日本で一番すぐれているのではないかと私は思っています。

同書が世に出た頃は、かなり親しくさせていただいていたのですが、最近は私の言動にかなり赤塚さんの影響が見られるようになってきて、ちょっと距離ができているというところでしょうか。

安部さんの結論は、経済は次のことを実行すればすべて上手くいくということです。

①　政府紙幣の発行
②　マイナス金利
③　ベーシックインカムの支給

今の社会は中央銀行制度によって運営されています。すべてのものをお金に換算して社会を運営しているのが現代社会の一番大きな特徴ですが、そのお金を生み出しているのが中央銀行制度になります。

お金を生み出す機能のことを信用創造というのですが、それは無から有を作り出す、ある意味詐欺的な一面を持っており、それを一手に引き受けているのが中央銀行です。そして、実は中央銀行は政府の機関ではなく、ごく一部の民間の金融家によって支配されているというのがいまの社会の現実なのです。

詳しくは前述の『お金は5次元の生き物です！』をお読みいただければと思いますが、中央銀行の持っている最大の利権が通貨発行権になります。通貨は政府の信用で発行されているのですから、本来は日銀ではなく財務省が紙幣を発行すればいいはずです。官僚や政治家を信用することができないので、政府から独立した中央銀行が通貨を発行するというのが経済の常識なのですが、財務省がダメで日銀なら大丈夫だという根拠はいったいどこにあるのでしょうか。

実は通貨発行権を握っている国際金融家に通貨発行益をもたらすのが、本当の目的だというのが安部さんの主張の概要になります。そして、政府が国債の代わりに政府紙幣を発行すれば、国債の金利を払う必要がなくなるというのです。

国債の金利は私たちの税金から支払われるわけですから、国民が負担しているということになります。その金利を受け取るのは、中央銀行を実質的に支配している国際金融家だというのです。だから、政府紙幣を発行して中央銀行制度を止めてしまえば、国民は搾取されなくなるというわけです。

興味深いことに、実はこの政府紙幣は日本ではすでに実質的に実現しているという意見もあります。２０１４年に朝倉慶先生との共著『失速する世界経済と日本を襲う円安インフレ』（ビジネス社）という本を出したのですが、その時に朝倉先生から教えてもらったのです。

アベノミクスの本命である異次元の量的緩和政策で、いまは大半の国債が日銀の資産になっています。国債の金利収入はほとんど日銀のものになるのですが、日銀法によって日銀は積立金を除いて得た収入を国庫に返納しなければいけないことになっています。ということは、国債の金利は日銀を通じて国に還ってくることになるので、実は政府紙幣を発行しているのと同じことになっているというのです。

朝倉先生の主張は、そんなメチャクチャなことをやっているアベノミクスは必ず早晩破たんして日本は大変なことになるというものです。たしかに、それはその通りかもしれませんが、安部さんの意見で言うと、理想的な政策である政府紙幣の発行が、実は日本ではすでに行われているということにもなるというわけです。

さらに、マイナス金利は皆さまもご存じのとおり、すでに実施されています。いまのところは、銀行が日銀に積んでいる当座預金の一部にマイナス金利をつける政策で、その結果長期国債までもがマイナス金利になって、銀行の収益を圧迫しているという議論がある程度です。でも、私たちが銀行等に預けている預貯金の金利をマイナスにすることについても技術的には可能なことだと思います。

アメリカやシンガポールなどで行われている、預金残高の少ない人から手数料を徴収するというコスト計算に基づくマイナス金利ではなく、ある程度以上の銀行預金に対してマイナス金利を課すという実質的な富裕税を導入することが可能になれば、ピケティ教授が主張されている富の再分配も実現できることになるでしょう。

これができれば銀行の収益も劇的に改善されますし、タンス預金に流れてしまうのではないかという意見もありますが、多額の現金を家に保管することは盗難などのリスクを抱えることになりますから、実質的にはそれほど懸念する必要はないのではないかと思います。

あとは政府の決断と、預貯金にマイナス金利を課せられるという国民側の抵抗感をいかに克服するかという課題が残る程度ではないかと思うのですが、いかがでしょうか。

そして、最後のベーシックインカム、日本語にすると基本所得という意味ですが、国民全員に一律一定の額を支給してしまうという政策です。スイスなどでは実現に向けての政治的なステップがすでに動き始めているという話もあり、すばらしい制度であるとは思うのですが、私はいますぐにベーシックインカムを実施することには反対です。

かなり最近まで、これで問題はすべて解決すると思い、本にもそのように書いてきました。ベーシックインカムを実施すると所得を気にせず個性に合った好きな仕事を謳歌できる半面、働かない人が増えて国力が落ちるのではないかという懸念が付きまとうのですが、日本的な働くことを喜びとする考え方をもってすればそれは問題にはならないし、少しくらいそんな人がいても包み込んでいけると考えていたのです。

ただ、それはあくまでも、大半の人たちの精神性が「もっともっと」という資本主義的な考え方から離れ、働かない人や罪を犯してしまう人が出てきても、罰することなく包み込んで更生を促せるような、一定の高さとなっていることが前提条件となります。

ところが、現状を冷静に見てみると、残念ながら私も含めてかなり多くの人たちの精神性がまだそこまで到達しているとは言い難く、かえってそれで身を持ち崩す人が続出し、社会が大きく混乱する可能性が高いと考えられるのです。

しかし、ビットコインなどの最近のフィンテック（金融とテクノロジーの融合）の流れを見ていると、国際金融家が中央銀行制度を使って独占的に発行益を享受していた信用創造の仕組みが変化してきているので、国民側に信用創造の機能が移ってくることによって実質的なベーシックインカム政策が実現していく可能性が高いのではないかと感じており、この政策も近い将来、実質的に実現するのではないかという希望的な観測も持ち始めています。

方法論はともかくとして、もしこれらのことが上手くいけば、理想的な経済運営が実現できる世の中が間もなくやってくるかもしれません。冷静に俯瞰する視点を持ち、それでいてワクワクしながら経過を見守っていきたいと思っています。

鍵を握る人工知能（ＡＩ）技術

ＡＩがどこまで進化して、人間の暮らしにどんな影響を与えるのか、実はまだよく分かっていません。

ＡＩが実用化できるという予感を研究者たちが本格的に持ったのは、２０１２年に行われた世界的な画像認識のコンペティションである「ILSVRC（Imagenet Large Scale Visual Recognition Challenge）」でカナダのトロント大学の Super Vision が圧倒的な勝利を飾った時だったといいますから、まだごく最近のことなのです。

勝因は、トロント大学のジェフリー・ヒントン教授が開発した新しい機械学習の方法である「ディープラーニング（深層学習）」でした。ディープラーニングは人間の職人芸でアルゴリズム（処理手順）を書くのではなく、コンピュータが自ら高次の特徴量を獲得して、それによってアルゴリズムを生成していくという手法で作られています。つまり、それまでプログラミングの領域では必ず人間の手が介在しなければならなかったのに対して、人工知能が初めて独自のプログラミングを行い、かつ圧倒的な成果を出すことに成功したのです。

この話には続きがあって、2013年にグーグルがヒントン教授の立ち上げたベンチャー企業であるDNNリサーチ社を買収し、さらには2014年には社員がたかだか数十人のイギリスのディープ・マインド・テクノロジー社を4億ドル（当時のレートで約420億円）で買収したのです。

現在はAIの3度目のブームが起こっていると言われていますが、今まで2度のブームと冬の時代を経て、いよいよ現実のAIの世界がSFの世界に近づいてきたことを研究者たちは実感してきたというわけです。

本章の執筆にあたって私は数多くの専門書や解説書を読みました。素直な感想は、現在は興奮状態にあり、どのような方向性で進むのか、それぞれの研究分野の位置関係がどうなっているのかは、研究者によっての解釈がバラバラであり、まだまだこれからの分野だということです。

ただ、ディープラーニングが起こしたブレークスルーでＡＩが世の中を変えるのは間違いないという思いだけは共通しているように感じます。

シンギュラリティ（特異点）

ＡＩの分野でディープラーニングと同様に注目を集めているのがシンギュラリティ（特異点）と呼ばれる言葉です。

実業家であるレイ・カーツワイル氏が『シンギュラリティは近い』（ＮＨＫ出版）の中で唱えた言葉ですが、２０４５年には人工知能の能力が人類の知能の総和を超えるという見方を示しました。もう少し専門的に言うと、人工知能が自分よりも優れた

ＡＩを創れるようになることを指してシンギュラリティというように呼ぶということで、統一の見解が図られているようです。

現在のプログラムは、人間がかかわったアルゴリズムが必要ですが、ディープラーニングが進んでくると、特徴表現学習が自動的にＡＩの中で行われるようになってきている状況が観察できるようになってきました。

現状はオリジナルに比べてはるかに劣る機能を自動生成しているにすぎませんが、いつの日かＡＩが自分より優れたＡＩを自動生成するようになる日が来ると言われています。自分よりも能力が低いＡＩを作っている分には、いつかは０に向かって収縮していくので問題はありませんが、少しでも自分よりも優れたものを作れるようになると、ＡＩの能力はやがて無限大に向かって拡散していくことになります。これはすなわち、ＳＦで心配されたようなＡＩが人類を支配している世の中がやってくる可能性が高まるということになります。

「車いすの物理学者」として有名なイギリスのスティーヴン・ホーキング博士は、

人工知能の発達が未来の人類にとんでもない災難をもたらすのではないかという危惧を表明しています。自らの筋萎縮性側索硬化症（ALS）という全身の筋肉が動かなくなる病気を克服し、74歳の現在も積極的に活動している現代を代表する知性が、真剣に人類の行く末を憂えているのです。

人工知能というと私たちに一番身近なのはロボットです。日本人は鉄腕アトムやドラえもんの影響でロボットに親しみを持っているのですが、欧米人はどちらかというとネガティブなイメージを持っているようです。たとえば、アイザック・アシモフというSF作家が作った「ロボットの3原則」というお話があります。ロボットは人間を害してはならないというようなことが定められていて、ロボット憲章とも言えるものですが、放っておけばロボットは必ず人間を害する存在になるという思考が彼らの根底にはあるようです。

前述のように、手塚治虫先生の「火の鳥」でも人工知能に対してネガティブな思いが描かれていますが、私はAIの進歩はもはや止めようがないのではないかと感じています。

ジョン・マルコフ氏というニューヨーク・タイムズの科学部門の記者が書いた『人工知能は敵か味方か』（日経ＢＰ）社という本があります。私が主宰させていただいているメールクラブというメルマガの中でも、人類の未来を考える上でとても大切な本ということで紹介させていただくほど大きな影響を受けました。

この本の中で述べられているのは、人工知能はその50年の歴史の中で、人間の持っている機能の「代替」に留まるのか、人間の能力を超えた「拡張」を目指すのかの葛藤を繰り返してきたというのです。

アシモフのロボット憲章の世界観では、「代替」に留めるべきだという倫理的な意見が優勢になるのですが、不思議なことに「代替」を選択するとＡＩの研究は行き詰まり、そのたびごとに冬の時代を迎えることになります。ところが、研究者の本能とも言える「拡張」を選択したときには、現在は第3次ＡＩブームと言われていますが、いまのように研究が飛躍的に進みます。私には、黙示録的に言うと神は「代替」ではなく、「拡張」を求めているのだと思えて仕方がないのです。

なぜ、黙示録の本でＡＩのことを書いているかというと、黙示というものは未来がどうなるかを暗示的に指し示す役割を持っていると感じるからです。

私たちがこのまま3次元的なレベルに留まっていると、「ヨハネの黙示録」に書かれているような大難を経験することになります。２０００年前のヨハネは私たちに、精神性のレベルを上げて5次元の世界を使いこなせるようになって、大難を小難に、できれば小難を無難に、さらに理想的には無難を無事にできるように生きていけばいいんだよということを示唆してくれているように思えるのです。

これと同様に、この新しい黙示録では将来の子孫たちに対して、人工知能の技術をしっかりと使いこなすことと、それに見合う精神性を持つことで、もっと豊かでもっと自然（すなわち神）に対して貢献できる人間になることの必要性を暗示しなければならないのではないかと思っています。

進歩を封印するのではなく、ヨハネが２０００年間の安全を守るためにかけた封印をしっかりとクリアして、愛する子孫たちが人工知能を神さまのように使いこなせる日を迎えるための準備をしておかなければならないのではないかと思うのです。

近い将来、私たちに訪れる最初の封印がシンギュラリティだと思います。もしかすると２０４５年を待たずにやってくるシンギュラリティという特異点を、どううまく乗り超えていくかが私たちに求められている次の封印になるのだと、私は感じています。

まったく違う共有価値観をもつグーグルとアップル

私たちの暮らしはＩＴ技術のおかげで目覚ましく変化し便利になっています。

私が社会人になって仕事を始めた頃の携帯電話はショルダーバックのような大きくて重たいもので、何よりも機器の値段も通話料も信じられないぐらい高価だったので、経営者などごく一部の人しか使えないものでした。インターネットもまだ一般的ではなく、ＰＣも必要な時だけ順番に使うものでした。

お客様との連絡は固定電話が主な手段で、外出しているときにお客様から連絡があった時の対処方法は、定期的に会社に電話することで伝言を聞くか、私は使いませんでしたがポケットベルに伝言を送ってもらい、それに対して公衆電話からコールバックをするというものでした。

だから、急がない時の連絡手段はもっぱらＦＡＸで、父、船井幸雄との主要な連絡手段は一昨年に亡くなるまでずっとＦＡＸでした。父とのＦＡＸでのコミュニケーションの場合は手書きで連絡することが暗黙の前提だったので、本末転倒にはなりますが、まずワープロで下書きを作って、それを手書きで清書して送ったりしていました。

それがインターネットが普通に使えるようになって、メールという連絡手段が一般的になり、いまではほとんどの人がスマホを日常的に持ち歩いています。数十年前のスーパーコンピュータ以上の性能が私たちの手のひらの中にいつもあるのが当たり前になっているのですから、近年の変化の速さには驚くべきものがあるのです。

ＡＩの未来を読み解く上でいま必ず取り上げられるItoT（Internet to Things）という概念があり、ＰＣやスマホなどの情報機器だけではなく、すべてのデバイス（電子機器）をインターネットにつなげようという試みがすでに始まっています。

たとえば、車のワイパーをインターネットにつなぐことによって、ピンポイントにどこで雨が降っているかという情報を天気予報に応用しようという試みがあるそうですが、ビッグデータという、少し前ならとても処理できないようなそんな瑣末な情報を集めて、それをＡＩ技術を使って分析することで、私たちの暮らし方がどんどん変わっていくということが容易にイメージできる時代にすでになっているのです。

一番典型的にビッグデータの使用法として事例にあげられるのは、紙おむつを買う人になぜか缶ビールの６本ケースがよく売れるというアメリカのマーケティングデータです。真偽のほどは分かりませんが、その理由については、いまのところは人間が後付けで考えるものなので、小さいお子さんがいるお父さんたちは、紙おむつを買いに来たついでに自分のビールも買っていくのだろうという程度の推測です。しかし、やがてＡＩが発達してくると、そんな理由はともかく、このような不思議な連関性がどんどん分かってきて、それによって私たちの暮らし方がさらに急速に変化していくようになるのです。

日本は欧米に比べてロボットに親しみを覚えているという話を書きましたが、主にお年寄りのあいだでソフトバンクが売り出したPepperというロボットが人気になっています。価格は20万円程度と高額なのですが、ペットと同様のコミュニケーションが取れることなどが人気の秘密のようです。

ところが、湯川鶴章氏の『人工知能、ロボット、人の心』（The Wave出版）という本を読んでいると、ＡＩの研究者からするとPepperは本来なら数千万円、少なくとも今のところ数百万円の価格をつけなければ採算は合わないはずだというのです。

では、なぜソフトバンクがPepperを赤字覚悟で販売しているかというと、この分野でのビッグデータをたとえばグーグルが家庭用のコミュニケーション・ロボットを発売する前に販売して、この分野のデファクト・スタンダード（事実上の標準）をおさえるためだといいます。

ＡＩが格段に進歩していく中で、企業の盛衰を決めていくのは様々な局面でのビッグデータを誰がどう握るかということになるのがコンセンサスになっているので、ソフトバンクの中長期戦略としては、ロボットと人のコミュニケーションから得られるビッグデータの価値は大変高く、だから今の時点での少々の赤字は許容できる範囲であるという判断なのです。

ＡＩがここまでブームになる前はＩＴの世界ではプラットフォーム戦略（不特定多数の顧客向けに複数の製品やサービスを提供していて、かつ更新可能な環境）をどう上手く構築するかというのが主題として議論されていました。

そのプラットフォーム戦略の中で一番重要になるのが、共有価値観（Shared Value）という考え方です。

ソフトバンクが大きな損失を覚悟でPepperを販売する原因となるほど恐れられているグーグルの共有価値観は、簡単に言うと「マインドフルネス」な状態、つまりいまこの瞬間に注意を向ける状態をつくるということです。機器が人間のためにやってくれる機能を最大にする製品を世の中に出すことで、人間にマインドフルネスな状態を提供することを、グーグルは目指しているのです。

たとえば、グーグルは自動車の自動運転システムの構築に積極的に取り組んでいるのですが、これはコンピュータが自動で車を運転してくれることで、車が目的地に向かうまでの間、音楽に耳を傾けたり風景を楽しんだりという「いま」に集中することを目指しているということなのです。

それに対して、スティーブ・ジョブズのアップルは有名な"Think different"という共有価値観を持っています。人とは違うことを考えて、「自分独自の価値観を生み出せ」というのがジョブズが自社の商品のユーザーに求めていることであり、マックユーザーはこの価値観に強く共鳴する人たちで構成されてきました。

これをもう少し噛み砕いていくと、"What is your verse ?"という呼びかけにつながっていきます。verseは一般的には「物語」と訳しますが、さらに深めていくとuni verse（宇宙）という概念につながっていき、「あなただけの小宇宙を作り出せ！」というのがジョブズの作った共有価値観になるのです。

アイフォンやアンドロイドというスマホは、私たちから見ると同じ製品に思えますが、実はこれぐらい違う価値観で作られているのです。ちなみにプラットフォーム戦略が上手くいく鍵はビジネスモデルが「収穫逓増《ていぞう》」になっているかどうかにあると言われています。

通常のビジネスモデルは競争が少ない頃は、新たな設備投資をするとその分利益が増えていきますが、競争が厳しくなったり普通の設備投資の考え方で行くとだんだん投資した金額に対するリターンは減少していく「収穫逓減」の法則が働いてしまいます。

しかし、ＩＴのビジネスモデルは「勝者独り勝ち」の法則が適用されるので、競争の段階が進んで、設備投資を増やせば増やすほど利益が逓増（徐々に増えていく）していくモデルになっています。

収穫逓増は、インテルの半導体やマイクロソフトのＯＳなどで最初に観察されたビジネスモデルですが、プラットフォーム戦略がビジネス的に非常に有効なのは、収穫逓増の戦略が採れて、それが実現したときには圧倒的な利益をもたらすことができるからです。アップルやグーグル、その他にもＳＮＳの世界のfacebookなどは見事に収穫逓増のモデルになっているのです。

ちなみにfacebookの共有価値観は「シン・リレーションシップ・マネジメント（Thin relationship management）」です。日本語にすると「薄い関係性の管理」で、これによってfacebookは人間関係の在り方を劇的に変えたのです。

この「薄い関係」で重要性が増したのが、「弱いつながりの強さ」をマネジメントすることの大切さです。インターネットのメールがFAXに比べても使いやすいのも同じ理由かもしれませんが、薄い関係のマネジメントが手間をかけずに多くの人とできるようになったことによって人間関係の在り方は大きく変化しました。

また、薄いとはいえ人間関係がある人からの情報は、マスコミによってもたらされる情報よりもはるかに親和性が高いので、それによって情報取得の在り方も根本的に変わったと私は日々感じています。様々な新しい情報を取得するにあたって、facebookで紹介されている情報を深堀りして得たものが数多くあります。まさしく、この共有価値観によって私たちの暮らしは大きく変わってきているのです。

ＡＩがもたらす共有価値観は何か

いまのところ、ＡＩを活用した分野でグーグルやアップル、facebookに匹敵するような重要な企業や製品は表れていませんので、ＡＩの共有価値観ははっきりとは提示されていない状況にあるように思います。でも、それを掲げる企業や製品やサービスが出てくる日はそう遠くないように思いますので、必ずしも共有価値観という定義にはなりませんが、シンギュラリティがやってきて、世界の領域が「拡張」されたときには、いったいどんな世の中になるのかを本章の最後に考えてみたいと思います。

まず考えたいのは、ＡＩを敵にしないということです。ＡＩに支配される支配されないという思考パターンは人間が作り上げたものであって、ＡＩ側は人間のような感情は持たないので、それに対してはニュートラルなのではないかというのが私の意見です。

では、「ターミネーター」や「火の鳥」で手塚治虫先生が懸念されたように、ＡＩが人間を恐怖の力で支配する可能性はまったくないのかというと、おそらくそうなってしまう確率もかなり高いと言わざるをえません。

その理由は、ＡＩは感情に対してニュートラルなので、それに対応する人間側の感情がストレートに実現するのではないかと感じるからです。50年前に描かれた「火の鳥」の世界観のままシンギュラリティを超えていくと、あのようなイメージの社会ができるのではないかと思うのです。

しかし、逆にマインドフルネスや小宇宙や新たな人間関係のような、新しい社会を形作っていくための共有価値観をしっかりと作り上げたうえで、ＡＩに対してポジティブな思いをもってシンギュラリティに向き合うことができれば、私たちの未来は明るいのではないでしょうか。


そして、次のポイントは人間がやるべきことをどんどんＡＩやロボットが「代替」してくれるというよりは、人間がやってきたことよりも格段に自然環境に対してスマートに「拡張」してくれることを、やはり前向きに捉えきれるかどうかということです。

ＡＩに関する多くの書籍や論文に共通する問題意識は、ＡＩに仕事を奪われて大半の人が失業してしまうのではないかということです。それも、いままでは製造業などの生産に関わる仕事がロボットに取ってかわられてきたのですが、これからは知的労働者、たとえば弁護士や会計士、医師などの分野がどんどんＡＩに取ってかわられるのではないかという話が大きく危惧されているポイントです。

実は、すでにそれが実現してしまっているのが金融分野だといいます。このことを興味深く教えてくれているのが櫻井豊著『人工知能が金融を支配する日』（東洋経済新報社）です。櫻井氏は大学の理工学部数学科を卒業された後、メガバンクに勤められました。その後、大手のネット銀行の設立にかかわって、今はコンサルタントとして独立されていますので、金融業界のＡＩの浸透具合を熟知しており、また客観的にそれを評価できる立場にいるのです。

櫻井氏によると、すでに金融の分野はＡＩがかなりの仕事を担当していて、当然のようにＡＩを支える仕事をする人間側も物理や数学の事が理解できる理系の人材しか太刀打ちできないようになっているといいます。特に、相場を動かしているトレーディングの世界はほとんどがＡＩの独壇場になっているのです。

また、新たな金融技術もビットコインに代表されるようにフィンテックという金融と工学が融合した分野の注目度が高くなっています。アメリカではフィンテックの分野に投資される金額はすでに数兆円のレベルになっており、日本においても大手メガバンクや大手証券会社など主要なプレーヤーがこぞってこの分野に注目せざるを得ない状況になってきているそうです。


ＡＩで人間が失業してしまうとんでもない世の中が来るのか、人間の仕事がＡＩにやってもらえることによって人間の存在の質が大きく変化することをポジティブに感じられるのかが、とても大きな分岐点になるのだと思います。

いまの若い人たちや子どもたちを見ていると、私たち中高年とはまったく違う人種、もっと言えば進化した人種なのではないかと思うことが時々あります。

バーチャルなゲームなどへの親和性や、車や家や彼女（彼氏）すら必要としない所有に対する無頓着さや、自分だけが得をするという損得勘定ではなく、つながりを大切にしたいと欲しているメンタル面などを見ていると、彼らが社会を動かしていくようになった未来は、ＡＩがニュートラルな感性を持っているとすると彼らの価値観がそのまま反映される社会ができるので、いまの段階では想像もつかないようなつながりがあって助け合いがある社会が創造されているのではないかと思うのです。

アトムやドラえもん、最近ではポケモンやドラゴンボール、妖怪ウォッチなどによって、ロボットや目に見えない世界に対する親和性を獲得しつつある日本の若者が、ＡＩとのポジティブな関係性の構築のための大きな役割を持っているのではないかと思います。

そして、それを目の当たりにするにつけ、私たちは彼らの個性を私たちの価値観を押し付けることによって潰すことなく、その成長をしっかりとバックアップしなければならないのではないかという、責任の大きさを感じずにはいられないのです。

最後の人間（The last human-being）

いよいよ本章の結論に入りたいと思います。

私が考えるＡＩが世の中を運営している時代の共有価値観は、「人間の進化」です。

ＡＩが拡張するにつれて、人間が仕事をする必要がドンドンなくなっていきます。いまの私たちの社会規範で考えると、仕事をしないでどうして人間はバランスを保てるのかというふうに考えてしまいます。

しかし、旧約聖書の創世記で示されたように、人間は神の言いつけを守らずに智慧の実を食べてしまったことによって、仕事を持つようになったのではなかったでしょうか。私たちはいま、智慧の実を長い年月をかけてようやく消化することができて、改めて永遠の生命が与えられる生命の樹に向き合わせていただけるチャンスを目前にしているのではないかと思うのです。

そして、ＡＩの助けを借りて智慧の実の力を完全に使いこなせるようになり、赤塚さんの教えてくれるような永遠の生命を本当の意味で手に入れることに成功するとすれば、人間はもはや人間という種ではなく、神々と言ってもいい存在に進化するのではないかと思うのです。

どうも、いまの私たち中高年の世代から人類は神さまになるべく進化を始めたのではないかというのが私の本章での結論です。進化は一朝一夕に進むものではなく、種として長い年月をかけて徐々に達成していくものです。しかし、ＡＩというツールを与えられた人間には、もはや人間のままで未来永劫存在できるという選択肢はなくなったのではないかと思うのです。

そして、ここから何百年、もしかすると最終的には何千年もの歳月の後に、進化は完成するのではないかと思います。まさに、私たちホモサピエンスの最後の一人が、万物の霊長として地球を運営する責任を持っていた時代を終焉させ、それを新しい万物の霊長になる神さまという種に引き渡す瞬間が見えるような気がします。

そして、その瞬間がようやく人類がエデンの園に還れる瞬間なのだと思うのです。

エデンの園に還るために

実は、ここからの原稿はイスラエルからの帰りの飛行機の中で書き始めました。共著者の赤塚さんを団長とする「足の裏で聖書を感じる旅」に33人の仲間と共に行った帰りのことです。

この旅には、本書の編集をしてくれているきれい・ねっとの山内尚子さんも加わってくれていて、旅の途中で３人で本書の方向性を確認したり、編集を一緒に進めたりすることで、聖書が書かれた現地で感じたことが反映でき、さらに充実した内容になりました。

今回の旅行では、ありがたいことに決定的に大きなトラブルはありませんでしたが、小さなトラブルには恵まれて、いろいろな気づきがありました。本書のテーマに沿っていうと神さまから小さな気づきを黙示として与えられたということになります。

一番大きな黙示は最初の日にスマホが壊れてしまったことです。イスラエルの入国審査が長蛇の列になっていて、なんとなくスマホを取り出して見ていました。すると、私の前はアメリカ人と思われる若い女の子たちのグループだったのですが、はしゃいでいた彼女たちに何かの拍子で私のスマホが叩き落とされてしまったのです。

画面が割れてひびが入ってしまって、女の子たちも恐縮していたのですが、電源はついていたので問題ないだろうと思って、かっこをつけて「ノープロブレム」と言ってしまいました。

ところが、無事に入国審査を終えてバスに乗ったところでスマホを使おうと思ったら、電源は入っているのですが液晶画面が反応しなくなっており、スマホが使えなくなってしまいました。インターネットも携帯電話も使えず、カメラを別に持ってきていたわけでもないので、本当に電子機器をまったく触らない10日間の旅となったのです。

もちろん、ＰＣは持っていますので、ホテルでメールのチェックをするなどして仕事上での問題はさほどなかったのですが、このことで神さまは私にどんな黙示を与えてくれているのか改めて考えてみました。

そう思って見てみると批判的に言っているわけではないのですが、旅の仲間たちのほとんどがずっとスマホをいじっています。すごい勢いで写真を撮られて、それがfacebookにどんどんアップされていきますので、自分では1枚も写真を撮っていませんが、驚くほど豊富な写真が手に入っています。中には旅の模様を日々詳細にブログにアップしてくれている人もいて、日本の人にも私たちがイスラエルで何をしているかが逐一伝わっているようでした。

旅の記録がこんなにすばやくクラウド空間に保存されていくのは素晴らしいことだと思いますが、ツールを奪われた私から見ると、これらのツールの発展によって、はたして私たちは幸せになれているのだろうかという疑問が湧いてきました。

ツールを奪われていた私は、実に豊かな旅を経験させていただきました。五感をフル稼働させて旅を味わい、聖地に来ているということと、聖書の世界をリアルに感じさせてくれる赤塚マジックも加わって、第六感さえも存分に動き出して3年連続4回目のイスラエルではじめて本質的な神さまの声に触れられたように感じています。

もし、スマホが壊れていなかったらここまで豊かな気分は感じられていなかったし、団体旅行で昨年と同じ場所を回ることに対して不平不満すら感じていたのかもしれません。でも、そんな自分や仲間たちや、訪れた聖地自体を大きく俯瞰している気分で、いままでとは次元が違う気づきをいただけたのです。

本章はＡＩにこだわって考察を進めてきましたが、ＡＩで便利になっていくことを享受するばかりでは、うまく使いこなしているようでいて、実はＡＩに支配されてしまい、エデンの園から遠ざかりかねないようです。

時にはネットやＡＩの世界から離れて、自分の五感、さらには六感をもフル稼働させながら、ツールを使わずに世界と繋がっていく感覚が必要なのだという気づきが、本来ならあれぐらいのことで壊れるはずがないスマホをわざわざ壊してくれた神さまの黙示なのだと思っています。

そしてもうひとつ、本章が私の担当の最後になりますので、少し不思議な話もさせていただきたいと思います。

日本とユダヤは祖先を一にしているのではないかという説があります。エルサレムは日本語で言うと「平安の都」という意味になり京都平安京とかぶります。その京都の近くに琵琶湖という湖がありますが、イエス・キリストが3年間だけ布教活動を続けたのはガリラヤ湖があるガリラヤ地方です。この湖はヘブライ語ではダビデ王が得意だった「竪琴の湖」という名前がついているそうです。

また、祇園祭の「ぎおん」は「シオン」から来ていて、お神輿はモーセが多くのユダヤの民を連れて荒野をさまよっていた時に神を祀っていた幕屋の中にあるアークとそっくりの形をしている等、挙げていけばきりがないほど、日本とユダヤには不思議な一致点が多くあるのです。

では、なぜこんなに離れた両地に一致点が多いのかというと、何らかの理由でユダヤの12部族の内、いくつかの部族がシルクロードを経て日本までたどり着いたのではないかという説があるようです。

たとえば、日本人なら誰でも知っている聖徳太子を様々な場面で助けた秦河勝《はたのかわかつ》という人物がいます。渡来人であり、高度な技術集団を率いて強大な力を持っていたとされる河勝のルーツをたどると、秦の始皇帝にもつながるという話もあります。そして、彼は実はユダヤ人ではないかという話もあるのです。そうなると始皇帝もユダヤ人だったのではないかということになり、もちろん正当な歴史が認める説ではありませんが、歴史ロマンを感じられる楽しい話ではあると思います。

ただ、仮にこの話が事実だとすると、面白い仮説が成り立ちます。イスラエルの地に残ったユダヤ人たちは、イエス・キリストという人物が現れたにも関わらずその40年後に国を滅ぼされ、世界中に離散してしまいました。

そして、それから約２０００年後の１９４８年5月14日に建国宣言をして4度の中東戦争を勝ち抜き、いまでは一人あたりのＧＤＰが3万6千ドルという日本とほぼ同じ水準の先進国になっています。さらに、世界中のユダヤ人からの支援を得て、とても強い外交政策をとっているのです。

アメリカを実際に動かしているのは隠然たる力を持っているユダヤ人ではないかと

いう話もありますし、ノーベル賞を受賞するような天才的な科学者も多くがユダヤ人で占められています。また、芸術の分野や政治経済の分野など社会のあらゆる分野で飛び抜けた能力を発揮して、世界を動かしているのはユダヤ人のネットワークであると言っても過言ではないぐらいの影響力を持っているのです。

そのユダヤ人たちのほとんどすべてが、濃淡はあるもののイスラエルを支援しているわけですから、ある意味では世界はイスラエルを中心に動いているといっても決しておおげさではないのです。

そして、もし何らかの理由でイスラエル部族の子孫が日本に流れてきて、日本の政治経済の中心を握っているのかもしれないとすると、この数千年の間、同じイスラエル民族がまったく違う世界、パラレルワールドを生きてきたということになるのかもしれません。たしかに、日本人とユダヤ人とはこれまでまったく違う運命を、１８０度違う価値観を持って生きてきていますが、いまの私たちは地理的には遠いとは言え、ほとんど同じように西洋文明の影響を享受して先進国の暮らしを楽しんでいるのです。

何が言いたいのかというと、まったく異なるパラレルワールドを生きても、結果はそれほど変わらないのではないかということです。

中矢伸一先生との共著『日月神示的な生き方』（きれい・ねっと）の中で、中矢先生は、パラレルワールドの原理を根拠にして、物質主義にどっぷりと浸かっていまの生き方を変えられない人たちはとんでもなく辛い時代を生きることになるが、精神性に目覚めて神の恩寵を受けられるような意識を持っている自分たちだけは神さまがパラダイスのような宇宙に連れて行ってくれて平和に幸せに生きられると思っている人のことを「スピリチュアルお花畑」と痛烈に批判されていました。

私もパラレルワールドという概念は承知していて、それはかなり確からしいと思っていますが、人類の集合意識という強烈な意識場があって、私たちがそこを生きることを選択している以上、精神性の高い自分たちだけが救われる、自分たちだけが幸せになれるという考え方は通用しないのではないでしょうか。

精神的な意識の高い人のパラレルワールドと物質的な世界をいままで同様に大切にする人のパラレルワールドが引っ張り合って集合的な無意識を形作っているので、その間のどこかに人類の集合意識が形成され、そこに向かって現実世界は動いていくことになります。だから、どんなに精神性の高い人たちの現実世界であっても、地球の人間であればその影響下で生きていかざるを得ないのです。

自分勝手な夢を見るのは早くやめて、自分たちだけが幸せに生きるという考え方を手放さなければ、精神性が高いと思い込んでいる人たちの排他的なエゴが、一番社会に悪影響を及ぼすことになってしまいかねません。

また、自分のことばかりではなく、人類全体の集合意識を変えていくための行動を起こさなければ、いくら祈っても世界は大きくは変わりません。

人間の集合意識がどの道を選ぼうとも、2000年ぐらいの長いスパンで見れば人間はエデンの園に還り、最後のカップルであるアダムとイブの二人に戻って、やがてどちらかが先に死んで、最後の人類が人類の集大成を迎えるということになるでしょう。

それまでの道筋はそれぞれが選択するパラレルワールドによって微妙に違うのですが、大きな流れで見れば人類はユダヤ人であろうと日本人であろうと、その他の人たちであろうと、それほど大きな違いのない世界を生きていかなければならないのです。

同じ日本人ならば、金持ちであろうと貧乏であろうと、自分のことやお金のことばかり考えている人であろうと世のため人のために高尚なことを考えている人であろうと、神さまの言葉を聞ける人であろうと物質的なことしか考えていない人であろうと、やはりほとんど同じような世界を生きていかなければならないのです。

いまそれを知った私たちは、人類全体に対して責任を持ちながら生きていかなければなりません。

自分だけが特別で、宇宙人が助けに来てくれたりはしないのです。大切なのは、超自然的なことや目に見えない世界の大事さを感じているのなら、自分だけでその世界観を完結させずに、それを周りへと広げていくことなのです。世界を変えるような大きなことをする必要はありません。まずは身の周りの現実を変えていくことこそが重要なのです。

中矢先生の言う「お花畑」にならないことが、目に見えない世界を感じることができている人にとって一番大事なことになります。今後、ＡＩの発展で人類は仕事からどんどん解放されていくようになります。それにつれて、精神性、目に見えない世界がますます大切になりますし、周りの人にも徐々にではありますが、確実にそれを伝えられるようになってきています。

ヨハネが2000年前に与えてくれた黙示録を、それぞれがそれぞれに読み解くことができる時代がやってきたのです。私たちはその封印を拓き、本当の意味で人類が幸せになる方向に開放していかなければなりません。

そういう意味でも、赤塚さんには第4章でヨハネの黙示録が私たち現代人に伝えたかった本当の意味でのヨハネの意図を解き明かしてもらいたいと、心から願います。

第4章 黙示を観る旅

赤塚　第3章のＡＩのことや、シンギュラリティ（特異点）のこと、興味深い内容でしたね。
それにしても、人というものは、同じ世界を生きているようであってどれほど違う世界を見ているのかということを、しみじみと感じました。

船井　書いているとドンドン見えてくるものがあり、とても楽しかったです。

赤塚　正直言うと、今度は僕がものすごい不満を感じているというか、大きな後悔の中にいます。
勝仁さんとの共著は私にとって一つの行なのだと、あらためて感じています。第3章を読み終えて、深い海、まるでマリアナ海溝にでも沈んでゆきそうです。勝仁さんの第3章からどうやって第4章をまとめあげるのか、皆目検討がつかない……。

船井　赤塚さんのそういう想いを感じたからかもしれませんね。
自分の責任範囲の原稿はイスラエルへの旅の出発前にすべて終わっていたので、夜な夜な編集に苦しんでいる山内さんの姿を見て楽しんでいたのですが、帰りの飛行機の中でみんなが眠ったり映画を観たりしている中、ひとりＰＣに向かっている山内さんを励ましに行ったのが運の尽きでした。

その直後に、山内さんが私の席にやってきて、エデンの園に還るイメージが伝わらないから原稿を書き足してください、と言うんです。おかげで、着陸前の朝食をスキップして、仁川（インチョン）空港でのトランジットの間も原稿に取り組むことになってしまいました。

赤塚　そんな悪趣味なことをするからですよ。自業自得です（笑）。でもそのおかげで、マリアナ海溝が日本海溝くらいにはなかったかもしれませんから、山内さんには感謝しないといけませんね。

船井　前回の共著『聖なる約束　砂漠は喜び砂漠は花咲き』もそうでしたが、彼女がまとめてくれないと、とてもじゃないけれど1冊の本にはなりませんからね。

書き足してみてあらためて感じたのは、私がＡＩにのめり込んだことも、こうしてイスラエルを再び訪れて感じたことも含めて、誰もが必要必然のタイミングで黙示を受け取っているということです。人が受け取った黙示を読むにしても、それがどんなにすばらしくても妄信してしまってはいけないのですね。

赤塚　そのとおりです。２０００年前にしても、妄信して、それさえ守っていればいいということで無意味な解釈がされてたくさんの戒律ができていった。イエスは本当の意味で戒律を大切にする生粋のユダヤ教徒だったから、だからそれは違うよ、信仰ではないよと警鐘を鳴らしたんです。

船井　そういう意味では、イスラム教が悪いとは言いませんが、一番の問題は、ムハンマドが最後の預言者だと言ってしまったことですよね。強さの秘密でもあるけど、一番の問題点でもある。

もうすぐキリスト教よりも多くなろうとしているような宗教が、最後の預言者だなんて言ってしまったら、人類はそれ以上進歩しないということになってしまいます。

赤塚　ムハンマドは教祖なのです。教祖というのは絶対的な存在でないといけないですからね。

これは古事記の世界もそうだけど、聖書の世界の神さまというのは成長していくんですね。一番最初のノアの方舟のシーンで地球をむちゃくちゃにしている神さまから見ていくと、まるで人間の成長に合わせるように神さまも変わっていく。

船井　逆に考えると、人間が進化することで徐々にレベルの高い神さまに周波数が合わせていけるようになってきたとも言えますよね。

それで、人間という器に神さまが入れるくらいにまでなって、イエスが生まれたのかもしれません。

赤塚　さすが理屈王ですね（笑）。

そうしてイエスが生まれ、死は終わりじゃないよ、恐怖じゃないよと教えてくれて、一番最後にきているのが黙示録です。多くの人が黙示録を恐怖とか破壊として捉えるけれど、この流れから見てもそんなはずはないし、僕にはどうしたってそのようには読めません。

勝仁さんが教えてくれた時間の流れの話にもつながると思うのですが、黙示録は創世記と裏表なんです。そこに行きつくまでに僕は15年ほどもかかったんだけれど、最初の物語の始まりがすべての創造で、それを終えて新たな進化の道、新しい創世記へと旅立つのが黙示録なんだと思います。

船井　つまり、エデンの園に還るということですよね。

ただ、精神レベルが低いままだと無理だから封印がかけられてきていて、それを拓く時がいまなんだろうなと感じています。

今年の伊勢志摩サミットの後にオバマ大統領が広島に行かれましたよね。結局、原爆の投下に対する謝罪の言葉はなかったわけですが、日本人は来てくれてありがとうと、ほとんどの人が喜びました。でも、もしこれがユダヤの人たちだったらきっと捕まえて、下手をすると殺してしまいかねないですよね。

赤塚　そうでしょうね。僕の中には謝ってほしいという気持ちが強くあったけれど、それでもあの中継を見て、ありがたいと感じましたからね。日本人が水に流すことができる民族だということをあらためて感じましたし、それが良い意味で働いたのではないかと思います。

船井　最近、広島に行く機会があったのですが、いま何が起こっているかというと、平和記念公園をたくさんの外国人が訪れているのです。いままで戦争を終わらせるための最善の行為だったと思ってきたであろう人たちが、食い入るように原爆の実態を見ている。ものすごい衝撃を受けました。

それで気づいたんですね、封印を拓くというのはこういうことなんだと。オバマ大統領と日本人が原爆という封印を拓いたんです。これからは、こういうことがどんどん起こってくるというか、私たち日本人が中心になって起こしていくことになるんだろうと思います。

赤塚　それは知りませんでした。望外の喜びですね。

勝仁さんは理屈王にもかかわらず、実は黙示を受け取ってそれを人に伝える天才だと思います。ただし、受け取ったほうは海溝に沈まないといけないくらい大変な目に遭うことになりますが（笑）。

船井　ただ感じたことを素直に言っているだけですし、お酒を飲んでいたりすると無責任なことにまったく憶えていないこともあるのですが……。

それにしても、赤塚さんはこれまでイスラエルへの旅や聖書講座、ヤマト人への手紙ということで伝道者の役割を果たされてきたと思うのですが、こうして封印が拓き始めていることが感じられて、さらにいま聖書の最後である黙示録をテーマにしているということは、赤塚パウロもそれにとどまらない進化の時を迎えているということかもしれませんね。

赤塚　もしかすると、パウロがヨハネのもとへ僕たちを誘ったのには、そういう意図があったのかもしれませんね。

日本が世界の燈明台となって滅びではなく進化へと舵をきるために、最終章、しっかりまとめてゆきたいと思います。

黙示録を知るために必要なこと

花を見て「美しい」というのは一目瞭然です。

しかし、その花の美しさを説明するとなると、何十ページを費やしても書きつくせない。知識を寄せ集めて目新しい言葉を並べ、1冊の本になるほどの論文を書いて説明しようとしても伝わらないものです。

「黙示」というのは、考えたり、議論したり、または哲学的に抽象したり、観念的に想像したりすることではありません。読んで字のごとく、黙示の世界です。

自分に死んだパウロのような魂が見ることのできる世界であり、晩年の霊的なヨハネが見た超意識的な霊界の姿です。しかも、肉の目でみたものではないので、どんな言葉をもってしても完全な説明はできないのです。

黙示とは、教理や文学ではありません。パウロの手紙や福音書を書いた者の視座から読むように、黙示録もそのように読まなければならないと思います。

新約聖書の中で、黙示の書はヨハネの黙示録だけです。黙示録を書いたのは、使徒ヨハネとは別のヨハネだという学者もいます。私には分かりませんし、私にはどちらでもいい。

ただ、この黙示録の著者は、若い人ではなく、人生の辛酸をなめつくした深い闇を知る、霊的な信仰の人だということは分かります。

そして読めば読むほど、イエスが愛した弟子ならではの愛に満ちたものであることが胸に沁みます。12弟子の中で、イエスに最も愛されたヨハネにしか伝えることができない霊界のイエスの姿だということが私には伝わってくるのです。

イエスの十字架の足元までついていった、ただ一人の弟子ヨハネ。
イエスがヨハネを愛し、ヨハネもイエスを愛した。
霊界に君臨するイエスがそこに誰かを呼び出すとすれば、ヨハネをおいて他にないと思えます。ヨハネを通じてイエスが伝えたかった霊界の真実、それが描かれたのが黙示録なのです。

死後の世界である霊界は、肉眼では見ることのできない啓示的な真理の世界です。それを人間が、自分勝手に想像したり哲学したりしてはなりません。私たちが考えたものは、それは神のようなものであっても、神ではありません。どうしても実存の神に触れようとするなら、自分自身を空しくし素直に受けることしか方法はないのではないでしょうか。

通常の文学や文書は、書く者の心理や理論によって組み立てられているものですが、黙示録は潜在意識の海から浮かび上がっているものなので、どれだけ字面を読もうが理解は不可能なのです。

黙示録を知るためには、ヨハネと霊的なシンクロをし、ヨハネが見たものを見せてもらう以外ありません。

聖書という秘密の書物には、知的なアプローチは禁物だと私には思えます。

黙示とは、隠れていたものが見え始めるという意味です。
啓示といってもよいかも知れません。

初めにことばがあった。
ことばは神と共にあった。
ことばは神であった。
このことばは初めに神と共にあった。
すべてのものは、これによってできた。
できたもののうち、一つとしてこれによらないものはなかった。
このことばに命があった。
そしてこの命は人の光であった。
光は闇の中に輝いている。
そして、闇はこれに勝たなかった。

（ヨハネ伝　第１章）

ヨハネによる福音書の書き出しです。他の3人の福音書とはまったく次元の違う、霊的な始まりにヨハネの信仰が読み取れます。

「初めにことばがあった」

ことばは音霊として現れますが、見える世界、聞こえる世界は見えないものから成立しています。

音として現れる「ことば」は、まず心の中にあるのです。その思いが、声帯を震わせ、唇を動かして言葉が出ます、歌が出ます。心を言葉が、歌が表してくれます。しかし、その言葉が、歌が、文字がそのまま心ではありません。エネルギーが音波に、光波になってあらわれる。でも、音波も光波もエネルギーそのものではなく、一時の現象です。

ヨハネに黙示録を書かせたエネルギー、それがキリストです。キリストが主であり、ヨハネはそれを見ている者です。

黙示録はヨハネの創作ではなく、キリストがヨハネの意識、思想、経験を借りて語りかけたものだと知れば、いかに黙示録の解釈が無意味であるかがわかるのではないでしょうか。

放送局から電波が発信されても、私たちに受信機が与えられていても、電気がつながっていなければ感応しません。キリストが発信する同じ周波数に同調しなければ、聞くことも見ることもできないのです。

自分の願いを叶えてもらいたいという、ご利益を目的とした幼稚な祈りではいつまでたってもキリストの御声は聞こえないでしょう。「天における如く御意を地上にもなさせ給え」と、神の願いが私になりますように、祝福の水路とならしめ給えと祈ることが肝要です。

ヨハネとは、まさに地上おける天使のような使徒でした。

その受信機に神がはたらき、啓示を与え、黙示となったものです。

見せられた世界ですから、実に単純明快です。

ヨハネとの対話

ヨハネは、イエスの弟子の中で最も長く生きた人です。イエスの生前、ヨハネはイエスに最も愛され、12弟子の中で唯一、十字架の御元まで行きました。そこで、十字架上のイエスから、イエスの母マリアを自分の母とするように、また、マリアにはヨハネを息子とするようにと命ぜられます。

さて、イエスの十字架のそばには、
イエスの母と、母の姉妹と、クロパの妻マリヤと、
マグダラのマリヤとが、たたずんでいた。
イエスは、その母と愛弟子とが

そばに立っているのをごらんになって、母に言われた。
「婦人よ、ごらんなさい。これはあなたの子です」
それからこの弟子に言われた、
「ごらんなさい。これはあなたの母です」
その時以来、この弟子はイエスの母を自分の家に引きとった。

（ヨハネ伝　第19章—26）

イエスが十字架の磔《はりつけ》によって殺されて以来、弟子たちは途方に暮れてしまいます。すべてを捨てて、主に従った3年間。家も、家族も、仕事も捨ててイエスに従って歩きました。ところがイエスは捕らえられ、挙げ句の果てに死刑にされてしまったのです。

ヨハネは主を失って、失意の中で生まれ故郷に帰ります。一番弟子のペテロは、ガリラヤに戻って漁師をしています。何人もの弟子がペテロと同行し、漁師に戻ります。その中にヨハネもいました。

しかし、イエスは死から蘇り、復活し、ヨハネの前に現れます。

ガリラヤ湖畔で復活のイエスと再度出会い、再召命されてエルサレムに上り、最後の晩餐のあの部屋で祈り続けているときに、天から聖霊が火のように降って、弟子たちは生まれ変わらされていったのです。

聖霊降臨、ペンテコステと言われる神の霊による洗礼です。ペテロも、イエスと同じ能力を与えられ、病を癒すようになりました。その後の弟子たちの働きによって、イエスの教えは広まり、やがてパウロという伝道者が異邦人に福音を述べ伝え、世界に広まっていきます。

ヨハネは、晩年になって福音書を書きました。

マタイ、マルコ、ルカが、救い主イエスをまさに神の子、偉大な英雄と褒め称えるように書き上げているのに比べ、ヨハネによる福音書は静かな、心に染み込むようなタッチで描かれてゆきます。実に霊的な福音書です。

また、神の言葉とイエスの証のためにヨハネはエーゲ海のパトモス島に島流しになり、幽閉されたのでしょうか。そこでヨハネは、霊界と行き来し、黙示され、天上界に君臨するイエスとも出会ったわけです。

そんなヨハネが書いた、ヨハネによる福音書。

ここに書かれているイエスの最初の奇跡の物語は、なぜかマタイにもマルコにもルカにも書かれていません。

十字架の死と復活という強烈なイエスの最期が中心になり、この最初の奇跡が忘れられたのでしょうか。それとも、ヨハネ以外の弟子たちにとっては、奇跡と思えないような小さな出来事だったのでしょうか。

人が霊的に生まれ変わるという途方もない奇跡が、実は何気ない淡々とした出来事のなかにあることをヨハネは目撃しました。イエスとマリアの対話、そしてイエスが起こした最初の奇跡、それはヨハネにとって衝撃的でした。

だから、イエスの母マリアが変容した出来事が、大きく取り上げられています。そして、そこを見過ごさないヨハネだからこそ、イエスはヨハネを格別に愛したのだと思えます。

イエスが最初に起こした奇跡、カナの婚礼。
さあ、聖書の中に入ってみましょう。

イエスが最初に起こした奇跡

ナザレに近いカナという町で、イエスは母マリアと弟子たちと共に結婚式に出席しています。だれの結婚式かは書かれていませんが、みなが一緒に出席しているところをみると、かなり親しい間柄の新郎新婦だったと想像されます。

イエスの母マリアとイエスが一緒にいるということは、親戚だったのでしょうか。その血のつながりのあったのかもしれない新郎新婦の結婚の場に、弟子まで連れてイエスは出席しています。イエスにとって、血のつながりよりも魂の兄弟の方が大事だという心が伝わってくるような場面ではありませんか。

弟子たちがイエスに連れられてやってきたわけですから、そこには当然ヨハネもいました。

結婚式とは人生で最も大切な節目のひとつです。お祝いに来てくれたお客様に対しては、最高のもてなしをしようとするものです。だから、ごちそうも飲み物もふんだんに用意するでしょう。

にもかかわらず、宴会が進むと、用意されていたワインが底をつきました。いったいどれほど飲んだのでしょう。イエス自身もかなりの大酒飲みだったようですから、弟子たちと大いに飲んだに違いありません。

弟子たちを引き連れ、イエスが婚礼の場にいる風景が立ち上がってきます。

漁師たちのような肉体労働者がイエスの弟子でした。イエス自身も大工として現場で働いていた男です。当時のイスラエルの住宅は、石で作られています。家の躯体は石積みです。しかも、重機などありませんからすべて手作業です。もちろん木工もお手のものですから、家具作りまでイエスが自分でしました。

そんな肉体労働者です、なよなよした優男《やさおとこ》ではありません。漁師の親方である、ペテロがビビるほどにマッチョなイエスが浮かび上がってきます。

当時30歳、大食らいで大酒飲みのイエス一家、結婚式で酒を飲みつくしたという状況でしょうか。そこには聖人君子や理屈男はいません。地位や名誉はなくても純粋な男たち、生命力あふれる、生き生きとした男たちの姿があります。

そして、全身全霊で結婚を祝福しています。大喜びしています。婚礼の披露宴で、ワインを飲んで飲んで、飲みつくしてしまったのでしょうか。ついに酒がなくなってしまいました。

そこで、母マリアがイエスに言います、

「ちょっと、あなたお酒がなくなったようよ。なんとかしておあげなさい」

イエスの母マリアは、以前ずっと家にいた長男に、長い間ずっとそうしてきたように、何の気なしに頼み事をしたのでしょう。

ヨセフの家の長男として生まれ、ずっと家庭を支えてきた働き手のイエスでしたが、30歳になり、家を出て、家族と離れ仕事を捨てて、ただ神の願うことを実践し、神の栄光を地上にあらわすために生きる者となりました。

そして、半年先に生まれた又従兄弟のヨハネからヨルダン川で洗礼を受けた時、天が開きイエスに聖霊が注ぎ込まれたのでした。

神の子イエスの誕生です。

見える姿が変わるわけではありません。羽が生えたり、カラータイマーがついてウルトラマンになるのでもありません。霊的変容をとげても、元の姿と同じ形です。しかし、さなぎが蝶になるように霊的変容を遂げたイエスは、別次元の魂となりました。肉体は地上にありながら、魂は神の世界に入り、一切を神の御心のままに生きる「無私」の存在となったのでした。

イエスは住む家も持たずに、すべてを天に任せて神の国を説きました。湖のほとりで、道端で、野原で、ときにはユダヤ教の会堂で、人がやがて帰るべき魂の世界のことを教えました。

そして、「人は死なない」ということを伝えたのです。

永遠の魂が、魂を磨くためわずかの時間肉体に入り、この世での学びを終えたら元の場所に帰るということ。

弟子たちを集め、教育を始めたのもそのころのことです。わずか3年という短い地上での伝道活動のなかで、この地上に神の国を説いたイエスです。そんな伝道生活の始まりのことだったのです、このカナの婚礼は。

母マリアとも再会を果たしたのでしょう。伝道に出てわずか3日目にもかかわらず、すでに弟子たちがイエスに従っています。マリアは我が子イエスとの再会の中で、とても嬉しい時間を過ごしていたに違いありません。

ヨハネによる福音書です。

3日目にガリラヤのカナに婚礼があって、イエスの母がそこにいた。
イエスの弟子たちもその婚礼に招かれた。
ブドウ酒がなくなったので、
母はイエスに言った、
「ぶどう酒がなくなってしまいました」

イエスは母に言われた、
「婦人よ、あなたはわたしと、なんの係わりがありますか。
わたしの時は、まだ来ていません」
母はしもべたちに言った、
「このかたが、あなたがたに言いつけることは、なんでもしてください」
そこには、ユダヤ人のきよめのならわしに従って、
それぞれ4、5斗も入る石の水がめが、6つ置いてあった。
イエスは彼らに「かめに水をいっぱい入れなさい」
と言われたので、彼らは口のところまでいっぱいに入れた。
そこで彼らに言われた。
「さあ、くんで料理がしらのところに持って行きなさい」
すると彼らは持って行った。
料理がしらはブドウ酒になった水をなめてみたが、
それがどこから来たのか知らなかったので、
（水を汲んだしもべたちは知っていた）花婿を呼んで言った。

「どんな人でも初めによいブドウ酒を出して、
酔いが回った頃に悪いものを出すものだ。
それだのに、あなたはよいブドウ酒を今までとっておかれました」。
イエスはこの最初の印をガリラヤのカナで行い、その栄光をあらわされた。
そして弟子たちはイエスを信じた。

（ヨハネ伝　第２章）

今まで通り、頼もしい長男に頼み事をした母マリアです。そのときにイエスが言った言葉が強烈です。

「婦人よ」です。

もしも私の母にこんなこと言おうものなら、「親に対してなんという口の聞き方するの！　そんな子に育てた覚えはない」と、叱られてしまいそうです。

いつまでたっても子供はこども。母親は、無自覚に子どもを自分の支配下においておこうとしてしまう傾向があります。これが「エゴ」の作用です。

母親としての自分のアイデンティティを失う怖さに、子どもをコントロールするのです。支配することで、そこからエネルギーを奪おうとする思いもあるのかもしれません。どちらにせよ、それらが無自覚でなされていることに苦しみの原因もあります。

エゴは常に、「私の～」と自己中心的なものの見方をします。イエスを神から授かったマリアでさえ、いつの間にか子供を自分の所有物のように思ってしまっていたのでしょう。

イエスが家を出て行ったときに、きっと覚悟はできていたでしょう。ついにそのときがきた……と。しかし、知的に納得することと、本心から悟ることでは次元の断絶があります。我が子とのひとときの中で、マリアは自身のエゴに乗っ取られてしまったようです。

「婦人よ、あなたはわたしと、なんの係わりがありますか。わたしの時は、まだ来ていません」と、日本語に変えられた聖書の言葉を読むのでなく、このときの状況でマリアが聞いた言霊はこのようなものだったのではないでしょうか。

「私はもはやあなたの息子ではない。私に命じることができるのは、天の父、主なる神だけだ。私は、神のいうことにはすべて従う。けれども、もはや人の思いや考えで動くことはないのだ」


一見、冷酷な会話のように見えます。

しかし、黙示、啓示を受け取るというのは、自分勝手に作り上げた「私」というフィルターを外し、あるがままを傾聴するということに他なりません。

母マリアは、この瞬間大きく悟ります。「ああ、そうなのだ。この方はもはや私の子ではなく、真に神の子イエスだ。私の胎内からでたものではあるけれど、私の子供ではないのだ。私の所有ではないのだ」と……。

今まで自分の子供として愛し育ててきたが、肉に生きるものでなく、霊的人類としてのイエスがここにおられるのだ、と腹の底から了解をしました。

そして、母マリアの魂も次元上昇を果たしたのです。

「このかたが、あなたがたに言いつけることは、なんでもしてください」

婚礼のしもべたちに言ったこの一言に、マリアの霊的進化が読み取れます。

たった一行ですが、ここに聖書の秘密があると思えるのです。単なる物語として聖書を読むときには決して気づくことのできない、霊の動きを感じつつ聖書の中に入って行くことが何よりも大切なのではないでしょうか。

足の裏で読む聖書

私は、このカナの婚礼の場所に何度も訪れ、実際にその場でヨハネによる福音書のこの箇所を読み、そのときの状況に心を飛ばしてみました。

イエスとマリアのやりとりを間近で見て、心打たれ、魂を震わせたのがヨハネだったのでしょう。他の弟子たちは宴会で大酒を飲んで酔っ払っていたのかもしれません。

霊的な感度がとりわけ高いヨハネです。そんなヨハネだからこそ、イエスとマリアのやりとりに深く感動し、ビリビリと霊気を受けたのです。

「そして弟子たちはイエスを信じた」とありますが、ヨハネは奇跡を見せられる前からイエスを信じたことでしょう。だから、ヨハネは最後の十字架までイエスから離れませんでした。

さて、そのとき母マリアの霊的回心を誰よりも喜ばれたのはイエスでした。

私がイスラエルに行き、ナザレにほど近いカナの婚姻が行われたであろうという建物に入ると、水がめが6つ置いてありました。

これまで4度ほど訪ねたでしょうか、ユダヤ人のならわしを知らないと、聖書の世界も分かりません。

ただ座ったままで聖書を読む時、自分が知っている水がめを想像するでしょう。10

升が1斗、10斗が1石です。1升瓶が1.8リットル。18リットルの4、5倍ですから、水がめ一つに72〜90リットルもの水が入るわけです。

しかも、石の水がめとあります。大きく重く、とても持てるようなものではありません。

ちなみに、西洋の絵画でカナの婚姻を描いたものには、たいてい素焼きの瓶が並んでいます。こうして事実はゆがんで伝えられてゆくのですね。

たとえば、あのレオナルド・ダ・ヴィンチの「最後の晩餐」。当時のユダヤ人の生活を知っていたらあのような絵にはならなかったことでしょう。

イエスはユダヤ人です。テーブルに椅子なんて、ありえません。イエスと弟子たちは、床に座ったはずです。

それからもうひとつ、ダ・ヴィンチの描いた部屋は最後の晩餐の隣の部屋です。ガイドが間違って案内したようです。

足の裏で読む聖書と机の上で読む聖書は、大きく違ってゆきます。

さて、カナの婚礼に戻りましょう。

イスラエルでは石の水がめは土に埋められ、それに水を入れます。90リットルほども入る水がめが６つ、つまり５４０リットルもの水がワインになったのです。しかも、特別上等のワインに。


聖書を読むと気づくことがあります。

イエスが奇跡を起こす時、彼は特別な感情を内側に沸き起こすということです。その感情が高まる時、目に見えて不思議な現象を巻き起こしているのです。


いつの間にか、人は誰も自分の「役割」を自分だと思い始めます。自分勝手に作り上げた「私」とは、錯覚にすぎないのに、それが自分だと思い込みます。その中で、思いや考えを手放すことができず苦しみます。自分のことさえ知らないのに、人を思い通りにしようとします。

思い通りにゆく人を「いい人」と呼ぶことさえあります。果たして人は本当に、思い通りにいかないとき、傷ついたり、落ち込んだりするものなのでしょうか。

人の本体は「光」です。

御霊です。

光は傷つきません。

傷つくのは、自分勝手に作り上げた私という名の「エゴ」です。

母マリアは、イエスのことばにハッと悟ります。いま、人の子として生まれ、肉体を持っているけれど、神の栄光をあらわすために生きておられる方であることを知らされたのです。

私は、何を考えていたのだろう。

人間の欲や、世間の考え方に染まってしまって、自分のすぐそばにいる神の子を、「自分の」子供だと思い込んでいた。私は、自分の思い、考えを手放します。神さま、あなたが私の身体をお使い下さいまして、祝福の水路としていただけましたこと、魂から感謝します。

そして、「このかたが、あなたがたに言いつけることは、なんでもしてください」というこ とばが発せられるのです。

イエスは、感動します。

そのエネルギーが、540リットルの水を上等のワインに変えたのです。

私を生んで育ててくれた大切な女性ではあるが、関係性が変わった。すべてはみな移り変わる。その中でマリアは、そのことを理解し、思いや考えを手放し、神との関係性に立ちかえることができた。

そのとき、神から「この者を祝福せよ」とメッセージが来たのでしょう。神はすべてのことをなされる御方であり、神に不可能はありません。

ヨハネの福音書には、ガリラヤ湖畔で行われた1万人規模の集会のときの大きな奇跡が記されています。

集会を終えて、1万人近い参加者に食べさせるものがない。弟子たちは、イエスに何とかしなさいと言われてもなすすべがありません。買いに行くにしても、これだけの人たちを食べさせる食料を買うお金などないと弟子たちはもめます。

そのとき、一人の子どもが自分の持っている弁当を差し出します。

前の方に座っていたということは、ずいぶん前からそこに座っていてイエスの話を聞いていた子どもです。弁当を持っているということは、母親が持たせたのでしょう。母から持たされた大事な弁当を、子どもはイエスに差し出したのです。

「ここに、大麦のパン5つと、さかな2匹とを持っている子どもがいます。しかし、こんなに大ぜいの人では、それが何になりましょう」と、ペテロの兄のアンデレがイエスに言います。

弟子たちは、こんなもの役に立たないとバカにしますが、イエスは子どもが母から持たされたであろう大切な弁当をみなのために差し出した真心に感動します。そして、天の神に感謝してパンと魚を裂き、1万人もの人々に配ったとヨハネは記すのです。

イエスが起こした奇跡に目を奪われてはなりません。奇跡を起こす前に、イエスに奇跡を起こさせた情動こそが大事なのだと、ヨハネは見抜きます。

起きた奇跡には力はありません。
奇跡に人を変えるエネルギーはないのです。
奇跡は人を変えません。

ガンの人が奇跡で治っても、その人はそのあとも同じ行動をとるでしょう。その人の中に、根っこから行動が変わるほどの変容が起らなければ、その人はまた同じようにガンになります。

それゆえに、カナの婚礼でのマリアの変容は、聖書の中でも実に美しい場面だと思わされるのです。

ヨハネの黙示録

イエスキリストの黙示。
この黙示は、神が、すぐにも起こるべきことを
その僕たちに示すためにキリストに与え、
そして、キリストが、御使をつかわして、
僕ヨハネに伝えられたものである。
ヨハネは、神の言とイエスキリストのあかしと、
すなわち自分が見たすべてのことをあかしした。
この預言の言葉を朗読する者と、
これを聞いて、その中に書かれていることを守る者たちとは、幸いである。
時が近づいているからである。

あなたがたの兄弟であり、
共にイエスの苦難と御国と忍耐とにあずかっている、
わたしヨハネは、神の言とイエスのあかしとのゆえに、
パトモスという島にいた。
ところが、わたしは、主の日に御霊に感じた。
そしてわたしのうしろの方で、ラッパのような大きな声がするのを聞いた。
その声はこう言った、
「あなたが見ていることを書きものにして、
それをエペソ、スミルナ、ペルガモ、テアテラ、サルデス、
ヒラデルヒヤ、ラオデキアにある７つの教会に送りなさい」
そこでわたしはわたしに呼びかけたその声を見ようとしてふりむいた。

ふりむくと、７つの金の燭台が目についた。
それらの燭台の間に、足までたれた上着を着、
胸に金の帯をしめている人の子のような者がいた。

そのかしらと髪の毛とは、雪のように白い羊毛に似て真っ白であり、
目は燃える炎のようであった。
その足は、炉で精錬されて光輝くしんちゅうのようであり、
声は大水のとどろきようであった。
その右手に7つの星を持ち、
口からは、鋭いもろ刃のつるぎがつき出ており、
顔は、強く照り輝く太陽のようであった。

わたしは彼を見たとき、その足もとに倒れて死人のようになった。
すると、彼は右手をわたしの上に置いて言った。
「恐れるな。わたしは初めであり、終わりであり、
また、生きている者である。
わたしは死んだことはあるが、見よ、世々限りなく生きている者である。
そして死と黄泉との鍵を持っている」

（ヨハネの黙示録　第1章）

霊界に君臨するイエスキリストの姿を見たヨハネは、魂にその姿を刻みました。現象界に現れた物質を説明するための人類の発明品が「言葉」でしょうか。見えるものにラベルを貼り、共通の認識をするための道具としての言葉と、見えない世界を伝えるための言葉とは同じではありません。

ヨハネが福音書の最初に言った、「初めに言《ことば》があった。言は神であった」の「ことば」とは、私たちが日常の会話に使っている言葉のことではないのです。

ヨハネが黙示された神の国は、啓示的な真理です。その根源のエネルギーを預かる者を、キリストと呼んでもよいかもしれません。『続・聖なる約束　ヤマト人への手紙』で私が天皇陛下もキリストであると述べた所以もそこにあります。

そして、私たちも変容を前にして黙示を受け取ろうとするのであれば、自分を空しくし、一切の宗教を超えて、その根源のエネルギーにつながることが何よりも大切です。

ヒンズー教の神があり、
ユダヤの神があり、
仏教の神があり、
キリストの神があり、
イスラムの神があり、
神道の神々があるのでなく、
すべてをお造りになった創造のエネルギーがあるのです。

人間の頭が作り上げたもの、考えたものは創造の神ではありません。人間は、神を知ろうとしますが、人間は、有限のはかない被造物です。造り主なる創造の神とは、とうてい人間に把握され得るものではないのです。

人間の側から神を知ることができないからこそ、神の側から人間に下り、無限なる神ご自身が有限なる世界にお立ちになった。それがキリストです。

受肉した神のことばが、キリスト・イエスなのだと思えます。

イエスがキリストとして地上を歩かれた3年間、何千、何万という人々がイエスを取り囲み、イエスと語り、イエスに触れました。

しかし、「私を見るものは、天の父を見るのだ」と創造のエネルギーである父なる神の霊の存在を示してくださったにもかかわらず、直弟子すらそれを信じ得ませんでした。

人の側からいくら信じようとしても、それは思考であり、自我の世界から離れることはありません。その自我が割れて、我ならぬわれが現れる時、創造のエネルギー、すなわち父なる神の霊と触れることができるのでしょう。

「私が信じる」のではなく、「神に信じられている私」を知る時、扉が拓くのです。向こうからやってくるのです。神は霊に黙示してくるのです。

神についていくら知っていても、神をいくら想像しても、哲学を究めても、神ご自身がベールを取り除き、その姿を顕してくださらなければわからないのです。

それは、どこかの寺院や神社で幕が開いてお姿が見えるということではありません。私たち一人ひとりが心のベール、肉なる自我を破り、自分を失うという経験なのです。

黙示録とは、「新・新約聖書」といってもよい、新しい次元への扉かも知れません。文書は、人間の真理や論理によって組み立てられ書き進められていますが、黙示文書は、潜在意識を文書化しているので、アタマや知識では読めないのです。

このことが牧師先生にも分からないので、文字や数字を追いかけて、その周りをぐるぐる回るばかりで、ヨハネが伝えたいことが何一つ届いてこないということになります。

創世記の中で、ヤコブが旅に出て疲れ果てて石を枕に眠った時、天の門が開ける幻を見ます。

また、使徒行伝では、使徒ペテロが港町ヨッパでお昼に空腹をおぼえ、食べ物が天から下るのを幻に見ます。ユダヤ人が食べてはならない食べ物が下ってくる幻でしたが、ペテロはそのことからユダヤ人以外にキリストを伝えるのだと気づかされるのです。

これらの夢や幻は、みな「黙示」です。

見せられたものを解釈するのではなく、霊的にそれを「リーディング」することが黙示録の読み方だと思えます。

生きて読むことのできない書物が黙示録です。自分に死に、己を空しくした時、我が胸に流れ込むメロディーのような風景、それを私に教えてくれたのがパウロでした。

アダムにあってすべての人が死んでいるのと同じように、
キリストにあってすべての人が生かされるのである。
（コリント人への前の書　第15章−22）

キリストの力が私に宿るように、むしろ、喜んで自分の弱さを誇ろう。

だから、私はキリストのためならば、
弱さと、侮辱と、危機と、迫害と、行き詰まりに甘んじよう。
なぜなら、わたしが弱い時にこそ、わたしは強いからである。
（コリント人への後の書　第12章－9）

さて、ヨハネの黙示録の第1章に入ってみましょう。
それに際して、パウロがこんな素晴らしいヒントをくれています。

ここで、あなたがたに奥義を告げよう。
わたしたちはすべては、眠り続けるのではない。
終わりのラッパの響きとともに、
またたく間に、一瞬にして変えられる。
というのは、ラッパが響いて、死人は朽ちない者によみがえらされ、
わたしたちは変えられるのである。
（コリント人への前の書　第15章－51）

ヨハネは、パトモスに幽閉されているときにこのラッパの響きを聞きました。「ところが、わたしは、主の日に御霊に感じた。そしてわたしのうしろの方で、ラッパのような大きな声がするのを聞いた」

主が、後ろから声をかけてくださるのは、復活の最初にマグダラのマリアに現れたときもそうでした。

「その声を見ようとして」とヨハネは言います。

声を聞くというのが、私たちの３次元現象界での当たり前ですが、「声を見る」とヨハネが言います。英語では、「わかりました！」を「I see.」と言います。

声を見る、つまりその呼びかけを分かろうとして振り向いたヨハネが見たものは、７本のロウソクを立てる燭台、ユダヤのシンボルでもある金の燭台「メノラー」ではありませんか。

それらの間に、イエスがいる！

ロウソクが燃えています、周りは暗いということです。輝く光ではありません、灯す光はキャンドルの炎……キャンドルサービスを暗示しています。

周囲の暗さは、霊的な暗黒、そこに神の霊の灯火をつけるのです。それが、足まで垂れた上着を着、胸に金の帯をしめているイエスの手にあります。燭台は持ち歩けるものであり、キャンドルサービスするために届けるものです。

イエスは十字架にいるのではなく、聖霊のキャンドルサービスをしておられたのです。

詩篇１０４編にあるように「わがたましいよ、主をほめよ。わが神、主よ、あなたはいとも大いにして誉と威厳とを着、光を衣のようにまとい」と、天上界のキリストの姿は、すでに旧約聖書の中にも描かれています。

金の帯とは、ユダヤの大祭司の正装です。ダビデ王の系譜、エッサイの株より出でたユダヤの王としての姿です。神らしい姿をヨハネは見ています。

「かしら」は人間にとって最も大事な部分です。頭とは、神の宿るやしろと言ってもいいかもしれません。33歳で十字架の露となって地上から消えたイエスの頭は、真っ白の老人。白髪は英知の象徴でしょうか。それが柔らかな羊毛のようであるというのは、まさに優しい愛に満ちた姿です。

その目が、燃える炎。燃ゆる瞳は、内面を表しています、すなわち巨《おお》きな熱です。

その足は、炉で精錬されて光り輝く真鍮。逞しくアスリートのような足は、力、実践力です。しかも、炉で精錬されているというのは触れれば火傷するほどの勢いが伝わります。

声が大水のとどろきというのは、水によって洗い清め、禊ぎ、渇きを癒し、そして命を与える音霊です。

口から出ている鋭いもろ刃の剣とは、イザヤ書49に「主はわが口を鋭利なつるぎとなし」とあるように、悪しきものを殺し、良きものを活かす殺人刀活人剣です。上下、左右、突くも切るも自在の言霊を操る存在であるということです。

ヤマト人が創る新しい黙示録

さて、本書は黙示録の講義が目的ではないのでこのあたりで、ダウンロードするのは終わりにしましょう。ほかのどこでもなく、黙示録の読み方はまったく別の次元なのです。

まさに、「新・新約聖書」と呼ぶのがふさわしいのかもしれません。

この霊界のイエスを人生に迎え入れることができるとき、私たちは「命の木」にあずかることができると、黙示録は結ばれてゆきます。

見よ、わたしはすぐに来る。
報いを携えてきて、それぞれのしわざに応じて報いよう。
わたしはアルパでありオメガである。

最初のものであり、最後のものである。
初めであり終わりである。
いのちの木にあずかる特権を与えられ、
また門をとおって都にはいるために、
自分の着物を洗うものたちは、さいわいである。

（ヨハネの黙示録　第22章）

智慧の実を食べて、智恵がついたのが創世記のエデンの園。
神は、自我の発生を「死」と呼びました。
神から離れることを「罪」といいました。

「主なる神は土のちりで人を造り、命の息をその鼻に吹き入れられた。そこで人は生きたものとなった」アダムは、こうして人として生まれました。

「息」はヘブライ語で「ルアッハ」といいます。

無機質だった、土の器に創造のエネルギーである造り主はルアッハを吹き込みました。しかしルアッハは、ヘブライ語で「霊」という意味でもあるのです。日本語の聖書は「息」ではなく、「霊」と訳すべきでした。

日本の言葉には、言霊があります。

このヤマトの言葉では「霊」を「ヒ」と呼びます。

神から分け御霊として霊を吹き入れられ、その「霊」が止まっている状態を指して、「霊・止」、私たちはヒトと呼ばれるようになりました。ヒトとは、神の霊が止まっている状態をいうのだと、ヤマト人は知っています。

いま再び、霊がとどまる霊的人類として生まれ変わるために、私たちはエデンの園を目指さなければなりません。

そして、命の木の実を食べ、いよいよ私たちが新しい時代の扉を拓くときがきています。その一人ひとりが神のエネルギーとつながる新しい黙示録を、ヤマト人が発信するという冒険が、この「聖なる約束３」から始まるのです。

かつて宗教戦争をしたことのないヤマト人の国、日本。
ヤマトから真理の火を起こし、全世界に高天原の真理が照らし出されるときが近づいています。

２０１６年伊勢が世界の聖地になりました。

どうぞ、１日でも地球が命永らえますように。
世界に平和の風が吹きますように。
すべての宗教が手をつなぎ合いますように。

５００年先、千年先の日本が素晴らしい国であることを願い、日本よ永遠なれと祈りながら、イエスがしてくださったように、やまとこころのキャンドルサービスを。

そう、あなたに
あなたのとなりの大切な人に。

あとがき

……キリストの（聖霊の愛）へとつないでくださった、高橋恒男先生に捧ぐ……

今から28年前、私が29歳のとき、糸川英夫博士に手をひかれるようにして旅したイスラエル。

聖書など無縁の人生を送って来た私が、生まれて初めて立った聖地エルサレム。
見たことも聞いたこともない星降る砂漠。
水のない荒野の景色……。
そして、国を失ってから２０００年、
再び祖国の建国を成し遂げた不屈のユダヤ魂。
人生を根っこから変える旅を体験しました。

あのとき、あの旅に出ていなければ間違いなく今の私はありません。

そして、本書の中でも書きましたが、我が人生に旧約聖書の基礎を築いてくれた糸川英夫先生の土台に、新約聖書のキリストの聖霊を打ち込んでくださったのがキリストの幕屋の伝道者、高橋恒男先生でした。

『続・聖なる約束「ヤマト人への手紙」』のあとがきを引用します。


「高橋恒男先生は、日本基督教団の議長になる道を捨てて、「幕屋」の創始者・手島郁郎氏の元で聖霊を受けた直弟子です。

マクヤは、日本の精神的荒廃を嘆き、大和魂の振起を願う無教会主義のキリスト教の団体と言っていいでしょうか。彼らは、キリスト教の純化を願いながらも、日本の諸宗教を愛し、祖師たちの人格を崇敬する素晴らしい人たちです。

私は、高橋先生に聖書を学び、聖霊体験を通してキリストとは「聖霊の愛」であることを知りました」

私は高橋先生の弟子となりました。

そして、生涯この信仰を貫こうと思っていたのですが、12年通い続けるうちに宗教団体の枠に収まりきらない私の心が苦しみ、幕屋から出ようと思い始めました。

それでも、言い出せないまま過ごすうちに、やがて高橋先生が三重から去られたら私も去ろう……、そう思うようになったある日ふっと、先生がいなくなることを望んでいる自分に気づいたのです。

それは高齢になった先生の「死」をも願っている恐ろしい心だと気づきました。

私は、矢も盾もたまらず高橋先生のところに飛んでいきました。

「先生、申しわけありません。
ここ何年間か、私は先生に喜んでもらうためにマクヤに通っていました。
これは、信仰とは言えません。
先生がおられなくなったら、マクヤを出ようと思っていましたが、
それは、心の中で先生の死をも願っているサタンの心でした。

ごめんなさい。先生、私、マクヤを出たいのです」
大声で一喝されると思いきや、腕組みしながらじっと聴いていた先生は、静かに微笑み、おもむろに口をひらかれました。
「そうか……。君がいなくなると寂しいが……嬉しくもあるな。君は独自の色彩で伝道しなさい。僕が三重に来たのは、君に会うためだったのだと思うよ。いつも祈っているよ」

やがて京都に引っ越してゆかれた高橋先生とは、電話や手紙でつながりながら時は流れました。

２０１６年9月、33名のソウルメイトとともに14回目のイスラエルを旅しました。この旅はまさにキリストに導かれたものであり、キリストはクリスチャンであろうとなかろうと、たとえ聖書を知らなくても、無条件で無差別に働くことの証明の時空でもありました。

常にキリストの臨在を感じ、聖書の世界がありありと迫る「聖なる約束」の旅だったといえましょうか。

そして、旅の最終地点、神の子を胎内に宿したマリアとエリザベツが出逢うエインカレムで不思議なことが起きました。この地は、総理夫人である安倍昭恵さんにも紹介し、訪ねていただいたエルサレム郊外の静かな山間のぶどうの園にある教会です。

夕暮れ時、帰ろうとする私たち一行に神父さまが突然、「日本の讃美歌を歌ってくれないか」と言うではありませんか。

クリスチャンの団体ではありませんから、誰も賛美歌など歌えません。団長である私が、皆が一緒に歌える歌をとっさに思いついたのが、「ふるさと」でした。そして、最後に讃美歌のように「アァメン」と全員で唱和することにしたのです。

志を果たして　いつの日にか帰らん
山は青き故郷　水は清き故郷　アァメン

その瞬間、私の身体に稲妻のように電気が走りました。

「アァメン」とは、ヘブライ語、ギリシャ語で「まことにその通り」という意味です。そのときの全員の魂から迸《ほとばし》り出た「アァメン」は、私の人生の中で体験したことのない響き、ハーモニーでした。それは、まさに「完璧」だったのです。

「もう十分だ」という黙示を受けました。

このとき、私のイスラエルツアー「聖書に学ぶやまとこころの旅」は終わりました。完了と言うよりも、完成と言った方がいいでしょうか。

私はこの『黙示を観る旅』を書きあげて、高橋先生に届けるのを心の底から楽しみに帰国しました。旅の話もたくさんしたいし、きっと喜んでくださるだろうと思っていました。この本を先生はどんなふうに読んでくださるだろうか、どう感じてもらえるだろうか……。

ところが何ということでしょう。元気に過ごしておられたはずの高橋先生は、私が帰国した翌日に突然天に凱旋してゆかれたのです。まるで、私たちの旅を見届けるようにして……。

私がどれほど衝撃を受けたか、とても言葉にはできませんが、事実を受け入れるのには少し時間がかかりました。いえ、いまもまだ、受けとめきれてはいません。

高橋先生の葬儀の日は、私は名古屋でラジオ番組の収録のためにマイクに向かっていました。４週にわたって放送される内容を録音していたのですが、頭の中ではずっと高橋先生との思い出が駆け巡ります。

弟子として告別式に駆けつけることのできない申し訳なさに苛まれていました。すると、心の中に高橋先生の声が聞こえました。

「死人のことは死人に任せておきなさい。

君は自由に生きて、独自の色彩でキリストを伝えるんだよ」


その放送は、インターネットで全世界に発信されます。最終回は、キリスト・イエスを全霊で証《あか》ししましたが、放送日は何とクリスマスとのこと。黙示とはどういうものか、高橋恒男先生は霊体になっても教えてくださったようです。

「聖なる約束」の旅は、まだ続きます。

魂の兄弟、船井勝仁との二人の旅がどこに向かってゆくのか今はまだわかりません。


一つの旅の終わりは、新しい旅の始まりでもあります。

さあ、一緒に行きましょう。

光の射す方へ。


最後に。

聖地イスラエルを一緒に旅し、素晴らしい本にしてくれた魂の姉妹、きれい・ねっとの山内尚子さんありがとうございます。あなたがいなければ、この本は生まれませんでした。帰る場所を守っていてくれた、妻・寛子さん、愛娘・万穂、そして会社のスタッフのみんなに感謝を送ります。

そして、わが師、糸川英夫先生、高橋恒男先生へ万感の想いを込めて。

２０１６年10月１日

新しい旅が始まる新月の日に

赤塚　高仁

28年間の集大成、最後の
〈聖書に学ぶやまとこころの旅〉を終え
首相公邸に安倍昭恵さんを訪ねました。
黙示を観る旅のきっかけとなり、その中心で輝き
いつも心寄り添わせてくださった昭恵さんに
心からの敬意と感謝をおくります。

著者略歴

赤塚建設株式会社　代表取締役
1959年三重県生まれ。明治大学経済学部卒業。大手ゼネコンで営業を務めたあと、赤塚建設代表取締役。「所有から使用へ」というコンセプトで、定期借地権による世界標準の街づくりを事業化する。日本の宇宙開発の父、糸川英夫博士の一番の思想後継者。日本とイスラエルの交流に人生を捧げた糸川博士の遺志を継いで『日本テクニオン協会』の会長を務める。
赤塚建設株式会社公式HP
http://www.akatsukakensetsu.co.jp/

赤塚高仁
（あかつか こうじ）

船井勝仁
（ふない かつひと）

1964年大阪府生まれ。1988年(株)船井総合研究所入社。1998年同社常務取締役。2008年「競争や策略やだましあいのない新しい社会を築く」という父・船井幸雄の思いに共鳴し、(株)船井本社の社長に就任。「有意の人」の集合意識で「ミクロの世」を創る勉強会「にんげんクラブ」を中心に活動を続けている。
にんげんクラブ公式HP　http://www.ningenclub.jp/

★写真／第14回（聖書に学ぶやまとこころの旅）の仲間たち

きれい・ねっと

あなたと
私と
この星と
きれいでつながる
よろこびの輪

聖なる約束3 黙示を観る旅

2016年10月22日 初版発行

著　者 赤塚高仁　船井勝仁
発行人 山内尚子
発　行 株式会社 きれい・ねっと
〒670-0904 兵庫県姫路市塩町91
TEL 079-285-2215 FAX 079-222-3866
http://kilei.net

発売元 株式会社 星雲社
〒112-0005 東京都文京区水道1-3-30
TEL 03-3868-3275 FAX 03-3868-6588

ISBN978-4-434-22629-8